Pferde gehen lieber ins Gelände, als immer nur in der Reithalle zu „arbeiten“.

Vielseitige Nutzung der Pferde

Reiten ist eine Sportart, die sehr beliebt ist.
Seit etwa 5000 Jahren werden Pferde geritten.
Doch schon viel früher hatten die Menschen begonnen,
Pferde als Last- und Zugtiere bei der Arbeit
einzusetzen.

Mit Pferd und Wagen

Vor etwa 5000 Jahren begannen in großem Umfang Völkerstämme aus den Steppen Asiens nach Südosteuropa und Vorderasien einzuwandern. Das führte zu vielen Kriegen. Einige der Einwanderer waren bald wegen ihrer neuartigen Angriffstechniken gefürchtet. Sie führten Pferde mit sich, Tiere, die in manchen Gebieten bis dahin nur als Jagdwild bekannt waren. Die Eindringlinge aber spannten die Pferde vor Streitwagen. Diese wurden, oft zu Dutzenden nebeneinander, in großem Tempo gegen die Verteidiger gelenkt. Bogenschützen standen auf den Streitwagen, die während der halsbrecherischen Fahrt ihre Pfeile abschossen. So waren die Fremden den zu Fuß kämpfenden Kriegern überlegen und konnten die überfallenen Völker niederzwingen. Die Churitter aus Mesopotamien besiegten so Syrien, die Hylesos die Ägypter. Babylonien wurde von den Hethitern ausgeraubt.

Römischer Kampfwagen in der „Arena"

Postkutschen waren lange unentbehrlich

Viele Jahrhunderte lang bestimmten die Streitwagenkämpfer den Ausgang einer Schlacht. Gespanne gab es in einigen alten Kulturen allerdings schon früher. Vermutlich wurden sie als Boten- und Jagdwagen verwendet.

Rund 5000 Jahre alt sind die ältesten Darstellungen von Gespannen, die bisher gefunden wurden. Auf einem Rollspiegelbild aus der babylonischen Stadt Kisch ist ein zweirädriges Gefährt zu sehen. Eine Kupfertafel aus Mesopotamien zeigt eine Quadriga, also ein Viergespann, bei dem die Zugtiere nebeneinander eingespannt sind. Allerdings handelt es sich wahrscheinlich nicht um Pferde, sondern um Pferdeesel. Später wurden aber auch für solche Wagen nur noch Pferde verwendet.

Im Laufe der Jahrtausende spannte man Pferde vor jegliche Art militärischer Lasten, vor Geschützkarren ebenso wie vor Wagen mit verwundeten Soldaten. Auch zivile Gefährte wurden von Pferden gezogen. Bäuerliche Pflüge, Eggen, Heu- und Milchwagen gehören dazu und hochbeladene Holzfuhrwerke mit Rädern oder Kufen. Unter Tage im Bergbau mußten unzählige Pferde Schwerstarbeit leisten, wenn sie in den staubigen, schlechtbeleuchteten Gängen die Waggons mit Erzen schleppten. Pferde hielten Mühlen in Bewegung und zogen von Treidelpfaden aus Schiffe auf Kanälen und Flüssen hinter sich her. Güter aller Art wurden von Pferden ebenso über Land transportiert wie Menschen und ihr Gepäck. Weder Kamele noch Esel oder Rinder wurden so vielfältig verwendet wie das Pferd.

Man setzte Pferde im öffentlichen Dienst ein als Zugkraft für Leichenwagen, Müllwagen oder Wasserwagen der Feuerwehr. Ebenso kamen die ersten Straßenbahnen nur mit Hilfe von Pferden in Bewegung. Selbst bei einer Antarktisexpedition um die Jahrhundertwende waren Pferde dabei, um Proviant- und Geräteschlitten zu ziehen.
Für viele einfache Bauern, Handwerker, Händler und Gewerbetreibende sind Pferde als Zugkraft heute noch unentbehrlich, ebenso wie als Lastenträger und Reittier. Doch auch in den „reicheren" Staaten spannt man (wieder) ein, für berufliche Zwecke ebenso wie für den Leistungssport und für freizeitliche Vergnügungen. Ein besonderer Einsatz ist das sogenannte „Holzrücken". Heute läßt man geschlagene Baumstämme aus unwegsamem Gelände wieder von Pferden herausziehen. Das ist umweltschonender als mit Traktoren, bedeutet allerdings für Pferde und Pferdeführer harte Arbeit.

▲ **Pferde vor dem Pflug sind selten geworden.**

▲ **Feuerwehrgespann aus alter Zeit**

▼ **Zur Waldarbeit sind Pferde wieder gefragt.**

An manchen Orten läßt man die kämpferischen Ritterspiele wieder aufleben.

Reiten und Reitweisen

Man schätzt, daß Pferde seit etwa 4500 bis 5000 Jahren regelmäßig geritten werden, wahrscheinlich jedoch nicht ganz so lange, wie man sie schon vor Wagen spannt. Bestimmt haben mutige Leute das Reiten schon viel früher versucht, und bestimmt gingen die ersten Versuche gründlich schief, weil die Pferde (noch) nicht als Reittiere ausgebildet und ausgerüstet waren und die ungewohnte Last gleich wieder abwarfen.
Reiten bedeutet auch heute nicht, daß man sich einfach auf ein Pferd schwingen und dann losgaloppieren kann. Das Pferd muß so kräftig sein, daß es die menschliche Last tragen kann, und so zahm, daß es den Reiter und den Sattel auf seinem Rücken und das Zaumzeug im Maul duldet. Außerdem muß es verstehen, was der Reiter von ihm will – und das dann auch tun.
Trotz vieler Schwierigkeiten gaben unsere Vorfahren nicht auf. Schließlich wußten sie, daß sie zu Pferde auf jeden Fall viel schneller sein konnten als zu Fuß. Reiter hatten bespannten Wagen gegenüber sogar noch einen Vorteil: Sie waren beweglicher und konnten Hindernisse und Steigungen überwinden, die für Wagenfahrer unpassierbar waren. Fachleute meinen, daß es Nomaden asiatischer Steppen waren, die das Reiten „erfanden“ und es darin auch zu erstaunlichen Leistungen brachten.
Auch das Militär machte sich die Reiterei zunutze. Vor rund 3000 Jahren wurden im Orient erstmals kleine Trupps berittener Soldaten in Schlachten eingesetzt. Im 9. Jahrhundert vor Christus stellte der Assyrer Assurnasirpal starke kriegerische Reiterverbände auf. Mit ihrer Hilfe und mit den Kampfwagen eroberte er ein riesiges Reich.
Ihm taten es andere Reitervölker und Reiterheere über viele Jahrhunderte hinweg auf allen Kontinenten nach. Noch im Zweiten Weltkrieg wurde Kavallerie eingesetzt. Unzählige Soldatenpferde

teilten das Los ihrer Reiter und blieben verstümmelt oder tot auf den Kriegsschauplätzen zurück. Heutige Kavallerieeinheiten haben hauptsächlich Traditionswert. Dienstpferde gibt es auch bei der Polizei und beim Feldschutz.

Pferde wurden stets auch zu friedlichen Zwecken geritten, zur Arbeit, bei Prozessionen, zum Vergnügen. Reiter beförderten Nachrichten und Kostbarkeiten, begleiteten Kutschen als Begleitschutz oder gestalteten festliche Umzüge. Hirten überwachten und lenkten ihre Herden vom Pferderücken aus.

Es entstanden sportliche Reiterspiele bis hin zu Pferderennen und artistischen Darbietungen zu Pferde in Zirkusarenen und Schönheitsschauen.

Im Lauf der Jahrtausende wurden viele verschiedene, dem jeweiligen Zweck entsprechende Reitstile (Reitweisen, Reitsysteme) entwickelt. Typisch für jede Reitweise sind der Sitz des Reiters, die Zügelhaltung und seine Signale an das Pferd, die sogenannten „Hilfen“. Sie werden durch die passende Sattelung und Zäumung ergänzt. Die bekannteste Reitweise stammt aus Westeuropa, ist aber längst international gebräuchlich. Sie hat mehrere Bezeichnungen: *europäisch, deutsch, kontinental, klassisch*.

Ihre Wurzeln liegen im militärischen und im höfischen Reiten. Man reitet beidhändig, mit ausgeprägten Hilfen und je nach Erfordernis in einem belastenden oder entlastenden Sitz.

Anders angelegt sind Arbeitsreitstile. In Südwesteuropa reiten die Rinderhirten („Vaqueros“) und die Stierkämpfer zu Pferde im *Iberischen* oder *Spanischen Reitstil*, vorwiegend im Schritt und im Galopp. Außerhalb der Arbeit verfeinert sich der Stil. Besonderer Wert wird gelegt auf graziöse, anmutige Bewegungen des Pferdes und Eleganz des Reiters.

Auch dic sportliche *Westernreitweise* lehnt sich an die Art an, wie Rinderhirten zu Pferde sitzen, vor allem die Cowboys in Nordamerika. Wichtig sind hier schnelle Spurts, Wendungen und Stops. Die Zügel liegen meist nur in der linken Hand, die rechte wird zur Arbeit gebraucht. Der Reiter sitzt tief in seinem Spezialsattel und hat die Beine meist langgestreckt. Varianten gibt es weltweit, bis hin zum „Naturstil“ mongolischer Nomaden.

▲ **Berittene Polizei in einer Großstadt**

▲ **Klassisch-deutsche Gestütsreiter**

▲ **Südamerikanischer Stil** ▼ **Cowboystil**

Leichtreiten nach amerikanischer Art

Der *Isländische Stil* ist das Reitsystem für die Gangarten Paß und Tölt. Dabei trägt das Pferd, um sich auszubalancieren, den Kopf gestreckt. Vor allem in *Südamerika* haben sich ähnliche, aber auch eigenständige Stile entwickelt. Sie sind auf größtmögliche Bequemlichkeit für den Reiter ausgerichtet. Ursprünglich waren sie nur für Großgrundbesitzer gedacht, die ihre Besitztümer und ihre Sklaven überwachten und den ganzen Tag lang herumritten.

Als *Leichte Reitweise* oder *Signalreiten* bezeichnet man jegliches Reiten mit minimaler Hilfengebung. Rennreiter bei *Galopprennen* sitzen nicht fest im Sattel, sondern „schweben" mit dem Gesäß über ihm. Nur die Unterschenkel sind an den Pferdeleib gedrückt. Die Einwirkung auf das Pferd ist dabei geringer als bei „Sitz"-Reitweisen.

Turnen auf dem Pferd heißt Voltigieren.

Voltigieren

Eine weitere Einsatzmöglichkeit von Pferden ist das Voltigieren. Das Wort kommt aus dem Französischen und bedeutet „Turnen auf dem Pferd". Voltige war schon bei den Römern und im Mittelalter bei den Rittern bekannt. In der deutschen Kavallerie wurde voltigiert, und im Jahr 1920 traten Voltigierer bei den Olympischen Spielen an.

Doch waren es damals meist Erwachsene, die diese gymnastisch-turnerischen Übungen am und auf dem Pferd ausführten. Erst in der zweiten Hälfte des 20. Jahrhunderts entdeckten Pferdeleute das Voltigieren als Spiel und Sport für die Jugend. Auch im Zirkus führen Artisten Voltige-Schaunummern vor.
Voltigierabteilungen bestehen nun in vielen Reitschulen. Schon ABC-Schützen können aufgenommen werden und lernen Grundübungen wie Grundsitz, Schwung, Fahne, Flanke und Schere. Die Aufgaben werden zuerst im Schritt und schließlich im Galopp geübt. Das Pferd wird dabei auf einem Kreis geführt.

Trag- und Packpferde

Außer der Last von Reitern oder Voltigierern mußten Pferde immer schon auch „tote" Lasten tragen: Waffen, Reisegepäck, Forschungs- und Vermessungsinstrumente, Tier- und Menschennahrung, Handelswaren aller Art.
Tragtiere sind besonderen Strapazen ausgesetzt. Ein Reiter kann sich der Bewegung des Pferdes anpassen und ihm dadurch beim Ausbalancieren helfen. Notfalls kann er ohne Umstände absitzen und neben seinem Pferd hergehen.
Packpferde müssen mit ihrer starren, oft überschweren Last allein fertig werden. Man nimmt sie ihnen auch nicht ab, wenn der Weg durch reißende Flüsse führt, auf schmalen oder vereisten Graten über Geröll und Stein, durch tiefen Schnee oder unter sengender Sonne verläuft. Allenfalls bekommen sie Unterstützung, wenn jemand sie führt und ihnen dadurch ein wenig mehr Sicherheit gibt.

Bei Reittouren dienen zusätzliche Pferde als Lastenträger.

Pferdemilch für die Gesundheit

Pferde dienen aber nicht nur als Zug-, Last- und Reittiere, sondern liefern dem Menschen auch Nahrung. Als der weltberühmte Bergsteiger Reinhold Messner im Jahr 1990 eine Forschungsexpedition in der Volksrepublik Mongolei unternahm, bekam er bei Nomaden Kumys vorgesetzt. Das ist ein säuerliches, leicht alkoholhaltiges Getränk aus Stutenmilch. In den kargen Steppengebieten, mit Winterkälte bis zu minus 40 Grad Celsius, ist Stutenmilch ein wertvoller Nährstofflieferant.
Sie enthält Eiweiß und Kohlehydrate, vor allem Milchzucker. Sie ist leichter verdaulich als etwa Kuhmilch, weil sie wenig Fett enthält, und hat sogar heilende Wirkung. So gibt es in Rußland und anderen Staaten der ehemaligen Sowjetunion seit Mitte des 19. Jahrhunderts spezielle Kur-Zentren, in denen Stutenmilch verabreicht wird. In Westeuropa ist Stutenmilch im Handel und frisch oder tiefgefroren erhältlich.
Pferdestuten produzieren Milch nur, wenn sie ein Fohlen haben. Das Pferdekind muß mindestens vier Wochen alt sein, bevor man Milch für andere Zwecke „abzweigen" darf. Wenn man es absetzt, gibt die Stute nur noch einige Wochen lang Milch, und dies nur, weil das Melken die Milchproduktion anregt. Danach wird die Stute „trokken", bis das nächste Fohlen zur Welt kommt.

Schnellpost auf Pferden: Der Pony-Expreß

Noch im 19. Jahrhundert, als bereits die Eisenbahn im Vormarsch war, wurde in Nordamerika eine Pferde-Schnellpost eingerichtet. Sie gehörte der privaten Transportfirma Russel, Majors & Wadcel und erlangte als „Pony-Expreß" große Berühmtheit. Die Strecke verlief von Mississippi nach Kalifornien, war rund 3000 Kilometer lang und wurde Oregon Trail genannt. Auf ihr verkehrten schon lange Zeit Post- und Frachtkutschen, die an befahrbare Wege gebunden waren.
Im April 1860 wurde der „Pony-Expreß" eröffnet. Reiter und ihre Pferde waren schneller und wendiger als Pferdewagen und konnten Geländehindernisse, Steilstrecken und Gewässer überwinden, die für Kutschen unpassierbar waren. Doch nur die zähesten Pferde und die unerschrockensten Reiter waren für diesen Dienst geeignet. Im Abstand von 25 bis 50 Kilometern befanden sich Haltestationen, die von angestellten Posthaltern betreut wurden. Bei ihnen gaben die Expreßreiter Sendungen ab, nahmen andere Eilpost entgegen und wechselten ihre Pferde. Auch dies mußte in höchster Eile ablaufen, denn ein solcher Zwischenaufenthalt durfte nicht länger als zweieinhalb Minuten dauern.
Innerhalb von 24 Stunden mußten die Postreiter mit ihren Pferden bis zu 480 Kilometer zurücklegen. Wie die Postkutschen waren auch die Expreßreiter Überfällen durch Weiße und Indianer ausgesetzt. Viele von ihnen wurden erschossen, die Pferde ebenfalls getötet oder mitsamt dem wertvollen Postgut geraubt.
Der Pony-Expreß wurde schon nach 18 Monaten eingestellt. Es gab nämlich ein Transportmittel, das noch schneller war, aber auch sicherer und billiger: die Eisenbahn.

Beliefert werden von den Pferdemilchgestüten zum Beispiel Kurheime, Naturheilmediziner, Apotheken und Reformhäuser. Stutenmilch wird auch für kosmetische Zwecke verwendet, weil sie (angeblich) die Haut lange jung und geschmeidig erhält.
Sie ist verhältnismäßig teuer. Sicher konnten deshalb in der Antike nur vermögende Frauen in der Milch von Pferde- und Eselsstuten baden. Heute werden aus Stutenmilch auch Seifen und Cremes hergestellt.

Pferde (nicht nur) als Nahrung

In der Steinzeit waren Pferde ein wichtiges Jagdwild für den Menschen. Es wurden außer dem Fleisch auch Knochen und Horn, Sehnen, Fell und Langhaar verwertet. In manchen Ländern, auch Westeuropas, gilt Pferdefleisch heute noch als Delikatesse. Es werden sogar eigens Pferde als Schlachttiere gezüchtet, vor allem Kaltblüter. Auch in Deutschland verkaufen die Pferdemetzger Pferdefleisch und -wurst. Diese stammen hauptsächlich von Tieren, die wegen unheilbarer (nicht ansteckender) Gesundheitsschäden getötet werden mußten. Oft werden Schlachtpferde lebend in Abnehmerländer gebracht und müssen schon auf dem Transport Qualen erdulden. Sie werden eng zusammengepfercht, bekommen oft tagelang weder Futter noch Wasser, kaum frische Luft und haben keine Bewegung. Viele sterben, bevor sie überhaupt das Ziel, den Schlachthof, erreichen.
Wildlebende Pferde wie die Mustangs werden oft herdenweise abgeschossen und ihr Fleisch zu Hunde- und Katzenfutter verarbeitet. Aus dem Fell von Pferden stellt man meist Schuhe und Taschen her, Mähnen- und Schweifhaare finden sich als „Roßhaar" in Matratzen wieder und in technischen Geräten als „Fadenkreuz".
Ausgebürstete oder ausgefallene Haare von lebenden Pferden werden oft durch Vögel genutzt. Sie tragen sie als Material für den Nestbau fort. Und vor allem Spatzen machen sich gern an Pferdeäpfeln zu schaffen – sie picken die Reste der Getreidekörner heraus.

Blut für Menschen und Artgenossen

Pferde entwickeln in ihrem Blut (wie alle Säugetiere) Abwehrstoffe gegen Krankheitserreger. Spritzt man einem Pferd Schlangengift ein, so erzeugt sein Körper große Mengen eines Gegengiftes. Man zapft ihm etwas Blut ab und sondert daraus das farblose Blutserum ab, in dem sich das Gegengift (Antitoxin, Antiserum) gebildet hat.
Aus dem Blut eines einzigen Pferdes kann man Serum für Hunderte von Menschen gewinnen und sie vor dem sicheren Tod retten. Die maßvolle Blutabnahme ist für das Pferd nicht schädlich. Das gilt auch, wenn man ein Pferd zur Blutübertragung für ein anderes Pferd einsetzt. Wie bei Menschen müssen Spender und Empfänger jedoch die gleiche Blutgruppe haben.
Pferde werden auch als Versuchstiere herangezogen, vor allem in der tiermedizinischen Forschung.

Pferde der Sagen und Mythen

Pferde hatten für die Menschen schon immer auch eine religiöse Bedeutung. Die Kelten und später die Römer verehrten in der Göttin Epona die Schutzgöttin der Pferde, Esel und Maultiere. Unter den Tieropfern, die den Göttern dargebracht wurden, waren auch Pferde. Wenn Herrscher starben, wurden oft ihre Lieblingspferde mit ihnen begraben, damit sie in der „anderen Welt“ auf ihnen reiten konnten. Manche Pferde wurden als heilig verehrt.
Pferde kommen in vielen Sagen vor. Auf Sleipnir, einem mächtigen, achtbeinigen Schimmel, brauste der germanische Gott Odin (Wotan) durch die Lüfte. In der griechischen Mythologie gab es das geflügelte Pferd Pegasus. Es trug Blitz und Donner, die Zeichen des Göttervaters Zeus. Heute gilt Pegasus als „Musenroß“, das Dichter „beflügelt“.
Die Griechen hatten auch die Vorstellung von Kentauren, das sind zweigestaltige Fabelwesen mit einem Pferdeleib und einem menschlichen Oberkörper. Bis auf eine Ausnahme hielt man die Kentauren für sehr gefährlich.

Pferdegöttin Epona auf einem Römerstein

Dagegen gilt das orientalische Einhorn, ein pferdeähnliches Wesen mit einem langen Horn auf der Stirn, als Sinnbild der Liebe und Reinheit. Nach den Pferdefabelwesen Kentaur, Pegasus und Einhorn wurden auch Sternbilder bezeichnet. Sogar das „Füllen“ gibt es am Sternenhimmel.
An vielen Kulthandlungen der Germanen, Kelten und anderer Völker waren Pferde beteiligt. Viele Feiern und Feste, zum Beispiel zur Sonnenwende, wurden vom Christentum übernommen und abgewandelt. So gibt es heute an vielen Orten Osterumritte, Pfingstritte, Dankesprozessionen zu Pferde und Pferdesegnungen. Durch Umzüge mit prächtig herausgeputzten Gespannen und Reitpferden wird zum Beispiel auch an „Bauernheilige“ wie Leonhard und Sylvester erinnert; sie gelten als Schutzpatrone für das Vieh und die Felder.
Besondere „Reiterheilige“ sind Sankt Georg und Sankt Martin. Der heilige Georg gilt als einer der vierzehn Nothelfer. Er lebte im vierten Jahrhundert nach Christus als Offizier in Kleinasien. Wegen seines christlichen Glaubens wurde er, vermutlich von Kaiser Diokletian, eingesperrt, gefoltert und ermordet. Meist wird er zu Pferd als Drachenkämpfer dargestellt. Martin von Tours lebte etwa zur gleichen Zeit. Er war erst römischer Soldat und wurde später Apostel in Gallien und Bischof in Tours. Der Legende nach soll er einst seinen großen, warmen Reitermantel zerteilt und die eine Hälfte einem frierenden Bettler geschenkt haben.

Kleines Quiz für Pferdekenner
über die Nutzung der Pferde
(Auflösung auf Seite 144)

1. Seit wann werden Pferde geritten?
   a) seit 4 500 bis 5 000 Jahren
   b) seit 20 000 Jahren
   c) seit 1 500 Jahren

2. Was versteht man unter Voltigieren?
   a) ein Pferd satteln
   b) Turnen auf dem Pferd
   c) ein Pferd zureiten

3. Was ist Kumys?
   a) eine Gangart
   b) ein Reitstil
   c) ein Getränk aus Stutenmilch

4. Wer war Epona?
   a) eine der ersten Reiterinnen
   b) ein achtbeiniger Schimmel
   c) eine römische Schutzgöttin für Pferde, Esel, Maulesel

5. Welchen Reiterheiligen kennst du?
   a) Sankt Georg
   b) Sankt Florian
   c) Sankt Antonius

6. Pegasus ist …
   a) … eine Kutsche
   b) … ein Heilmittel für Pferdekrankheiten
   c) … das geflügelte Pferd der griechischen Mythologie

Die Schulung der Pferde

Bevor ein Pferd geritten werden kann, muß es geschult
und an Zäumung und Sattel gewöhnt werden.
Das Pferd lernt, den Anweisungen des Reiters zu folgen.
Bei der Ausbildung der Pferde kommt es auf den
richtigen Umgangston an.

Stall- und Weidehalfter

Am Anfang steht die Dressur

Wenn man reiten, voltigieren oder mit Pferden fahren will, muß man sich bestimmte Kenntnisse und Fertigkeiten aneignen. Aber auch die Pferde müssen entsprechend ausgebildet werden. Das älteste „Lehrbuch“, das sich mit der Ausbildung (und der Haltung und Pflege) von Pferden befaßt, ist über 3000 Jahre alt und wurde in Stein gehauen. Es ist nur in Bruchstücken erhalten und bezieht sich hauptsächlich auf Streitwagenpferde. Der Verfasser dieser Fahrlehre hieß Kikkuli. Er lebte im 13. Jahrhundert vor Christus in Assyrien.

Rund 1000 Jahre später verfaßte der Grieche Xenophon, ein Feldherr, Pferdezüchter und Historiker, neben anderen Büchern mehrere Abhandlungen über Pferde. Sein Werk „Über die Reitkunst“ gilt als die älteste schriftlich erhaltene Reitlehre.

Pferde zu schulen erfordert Geschick, Sachkenntnis und viel Geduld. Der Ausbilder oder die Ausbilderin muß auch das persönliche Wesen eines Pferdes, seine Stärken und Schwächen erkennen und darauf eingehen. Durch zu harte oder laienhafte Ausbildung können sich Pferde körperlich nicht voll entwickeln und werden übermäßig furchtsam, nervös oder widerspenstig. Ein guter Ausbilder vermittelt Spaß am Lernen und fördert dadurch die Lernbereitschaft.

Die Grundausbildung eines Reitpferdes ist die Dressur. Damit sind aber keine andressierten Kunststückchen gemeint. Ein Element der Dressur ist der Gehorsam. Schon vor dem Zureiten sollte ein junges Pferd mit Menschen vertraut sein, sich führen und berühren lassen.

Zu Beginn der Arbeit lernt es, Kommandos wie „Halt“, „Schritt“, „Trab“ und „Galopp“ zu befolgen. Dann wird es behutsam an Sattel und Zaumzeug gewöhnt. Der nächste Schritt besteht darin, das Pferd mit dem Aufsitzen und dem Gewicht eines Reiters vertraut zu machen.

Anfangs wird der Reiter vorsichtig in den Sattel gehoben. Er setzt sich auch nicht gleich fest hinein. Hat sich das Pferd an ihn gewöhnt, wird es mit ihm geführt, später auch longiert. Erst einige Zeit danach bringt man ihm bei, reiterliche Anweisungen auszuführen.

Ebenso wichtig ist es, das Pferd körperlich zu trainieren. Man nennt dies „Gymnastizierung“. Wenn man ein untrainiertes Pferd reitet, verschleißen seine Gelenke und die Muskulatur schnell, sein Herz und die Lunge werden überbeansprucht. Durch verschiedene Übungen – ohne und mit Reiter – werden sie gekräftigt, die Wirbelsäule wird biegsam und geschmeidig.

Ein gut zugerittenes, gesundes Pferd geht „losgelassen“, also unverkrampft und schwungvoll. Seine Bewegungen sind taktrein, harmonisch und ausdrucksvoll – falls der Reiter keine Fehler macht.

Die Vorrichtung zum „Zähmen“, das Zaumzeug

Noch bevor der Mensch Pferde als Zug- und Reittiere gebrauchte, hatte er wahrscheinlich schon etwas erfunden, um sie zum Führen gut „in der Hand“ zu haben: das Zaumzeug. Damit kann der Mensch ein Tier wie das Pferd, das ihm an Körperkraft und Schnelligkeit weit überlegen ist, „im Zaume halten“ und lenken. Die einfachsten Zäumungen sind die Halfter zum Führen und Anbinden, kurz Stallhalfter genannt. Stricke, Ketten oder Striemen können daran eingehakt werden. Zäume zum Reiten haben Zügel; bei Fahrzäumen nennt man die langen Zügel Leinen. Anstelle der Zügel und Leinen wird bei der Arbeit mit Pferden „an der Hand“ (das heißt vom Boden

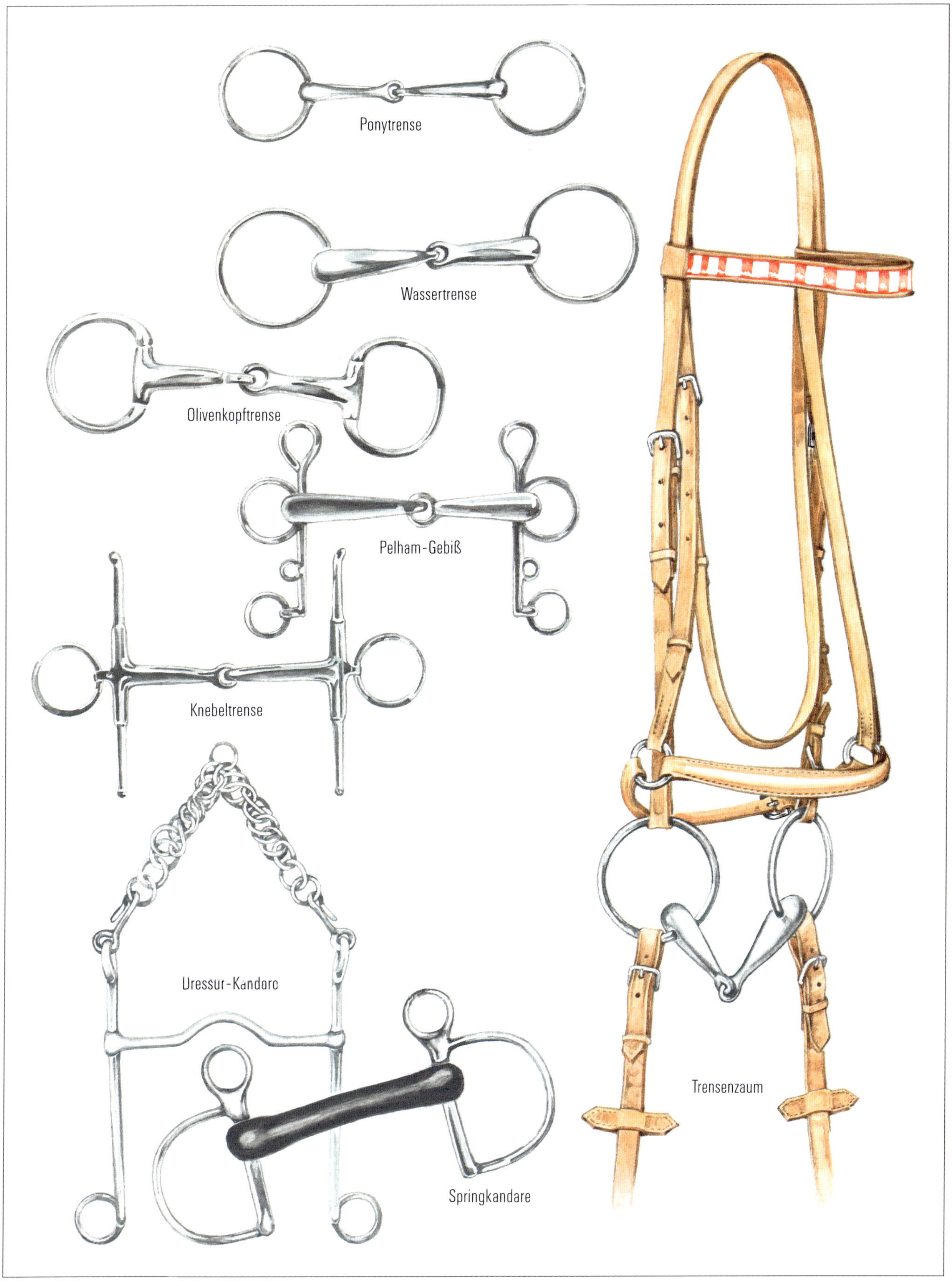
Ponytrense
Wassertrense
Olivenkopftrense
Pelham-Gebiß
Knebeltrense
Dressur-Kandare
Springkandare
Trensenzaum

aus) meist eine Longe verwendet. Mit den Zügeln, den Leinen oder der Longe gibt der Pferdelenker über den eigentlichen Zaum Signale an das Maul des Pferdes.

Es gibt zwei Grundarten der Zäumung: den Zaum mit Gebiß und den Zaum ohne Gebiß. Als *Gebiß* wird ein Metall-, Leder- oder Gummistück bezeichnet, das dem Pferd ins Maul gelegt wird, und zwar auf den zahnfreien Teil des Unterkiefers, die „Laden". Je kräftiger die Zügel angenommen werden, um so stärker wird der Druck auf die Laden und die Zunge; wenn eine Kinnkette verwendet wird, kommt noch der Druck von unten dazu. Gebißlose Reitzäume wirken über einen Nasenbügel auf das Nasenbein und mit einem Kinnteil auf Kinn und Backen des Pferdes. Sowohl der Maul- wie der Nasenzaum werden mit einem Kopfstück aus Leder, Natur- oder Kunstfaser am Pferdekopf gehalten. Der Teil, der hinter den Ohren des Pferdes verläuft, wird Genickstück genannt, die Teile bis zum Zaum sind die Backenstücke. Es gibt auch Kopfstücke mit Ohrschlaufen. Oft ist zusätzlich am Kopfstück ein Stirnriemen und ein Kehlriemen vorhanden.

Die bei uns gebräuchlichen Gebißzäumungen sind die *Trense*, die *Kandare* (mit Stangengebiß, Unterlegtrense, Stangen, Kinnkette und zwei Paar Zügeln) und das *Pelham*, eine Mischzäumung mit Trensengebiß und Kandarenstangen. Für ungeübte Reiter kommt nur die Zäumung auf Trense in Frage. Die gebräuchlichen Trensengebisse sind schwer und „gebrochen", das heißt, sie haben in der Mitte ein Gelenk. Sie sind deshalb im Pferdemaul beweglicher als starre Stangengebisse und wirken „weicher".

Auch dicke Leder- und Gummistangen sind weicher als sehr dünne, durchgehende Metallgebisse, die durch eine Ausbuchtung in der Mitte, die Zungenfreiheit, noch verschärft werden. Die Zügel und das Kopfstück werden in die Trensen- oder Stangenringe eingeschnallt, von denen jeweils einer am Ende des eigentlichen Mundstücks (und am Ende der Außenstange) angebracht ist.

Um die Wirkung eines Gebißzaumes zu verstärken und um das Pferd daran zu hindern, das Maul weit zu öffnen und sich der Wirkung des Gebisses teilweise zu entziehen, werden fast überall zusätzlich Reithalfter angelegt. Die Reithalfter sind ein eigenständiger Teil der Zäumung und nicht unbedingt erforderlich. Reithalfter stammen vom Kappzaum ab, einem gebißlosen Spezialzaum, der heute vorwiegend zur Longenarbeit verwendet wird. Er hat einen gepolsterten Nasenriemen mit drei Ringen für die Longe und

Von links nach rechts:

Trense mit Kopfstück, Kehl- und Stirnriemen, die Zügel sind in den Trensenringen verschnallt. Ein Reithalfter ist hier nicht angelegt.

Trensenzaum mit Englischem Reithalfter, das unter den Backenstücken verläuft.

Kombiniertes Reithalfter, der vorneliegende Sperriemen kann abgenommen werden.

Nasenzäume wie das Bosal wirken auf das Nasen- und das Kinnbein und auf die Backenmuskeln.

Solche Speichelbildung ist erwünscht. Sie zeigt, daß das Pferd sich nicht gegen das Gebiß wehrt, sondert „gut abkaut".

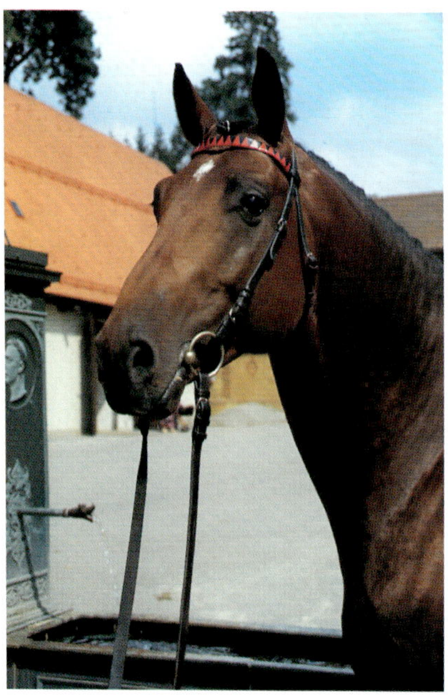

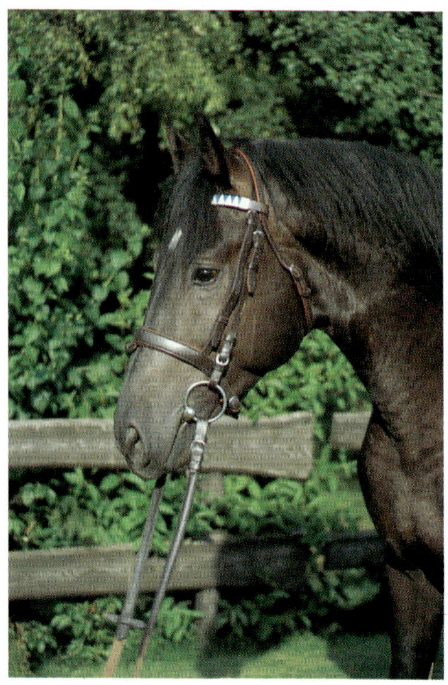

Reiten auf Kandare

Ein Martingal darf nicht hebelnd wirken.

die Ausbindezügel und einen Kehlriemen, damit er nicht verrutscht.
Vier Formen sind bei uns gebräuchlich. Beim *Hannoverschen Reithalfter* werden Kinn- und Nasenriemen über dem Kopfstück verschnallt. Es heißt wegen seiner extrem einengenden Wirkung auch Sperrhalfter. Nicht ganz so hart wirken das *Mexikanische Reithalfter*, das auf dem Nasenrücken über Kreuz verläuft, und das *Kombinierte Reithalfter* mit einem breiten Oberriemen, an dem eine Schlaufe für den schmaleren Nasen-Kinn-Riemen angebracht ist.
Pferdefreundlicher ist das breite *Englische Reithalfter*, es geht oberhalb der Maulwinkel unter den Backenstücken durch. Eine Spezialität zum Führen besonders temperamentvoller Pferde, hauptsächlich Hengste, ist das *Steigergebiß*. Reiterliche Hilfszügel oder Hilfszäume sind unter anderem Stoßzügel, Ausbindezügel und das Martingal. Sie verstärken die Wirkung des Zaumes.
Scharfe Gebisse und Hilfszügel sollen nur von erfahrenen Pferdeleuten eingesetzt werden und so kurzfristig wie möglich! Sie sind kein Ersatz für Ausbildungsmängel beim Pferd und beim Reiter.

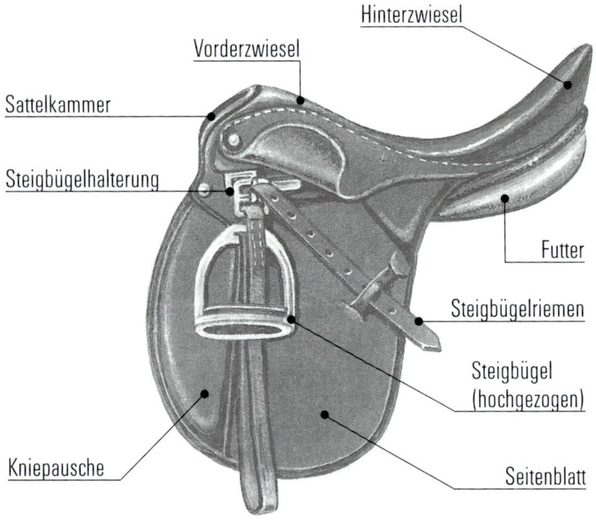

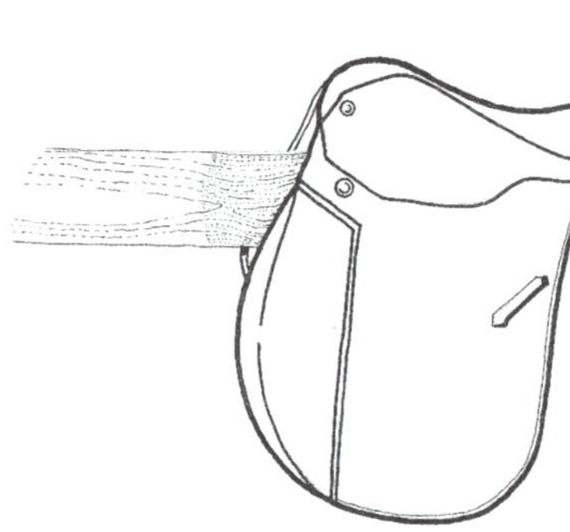
Vielseitigkeitssattel

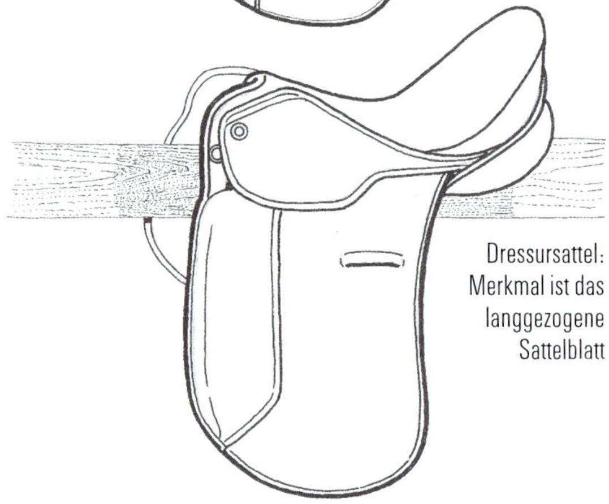
Dressursattel: Merkmal ist das langgezogene Sattelblatt

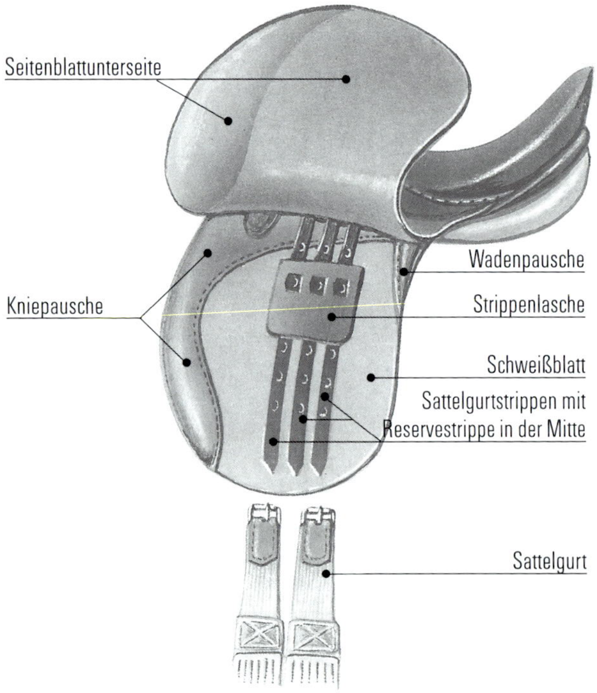

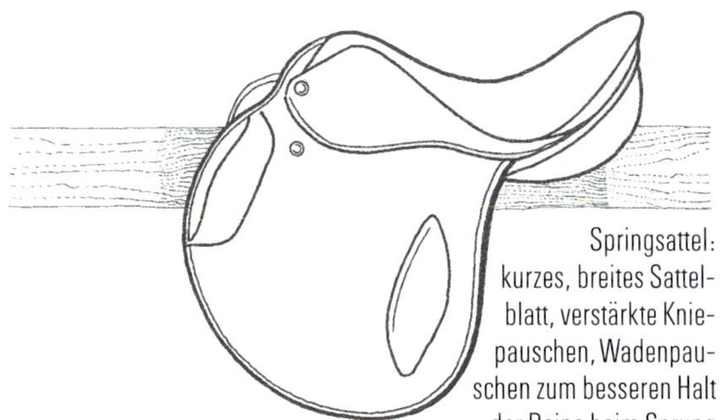
Springsattel: kurzes, breites Sattelblatt, verstärkte Kniepauschen, Wadenpauschen zum besseren Halt der Beine beim Sprung

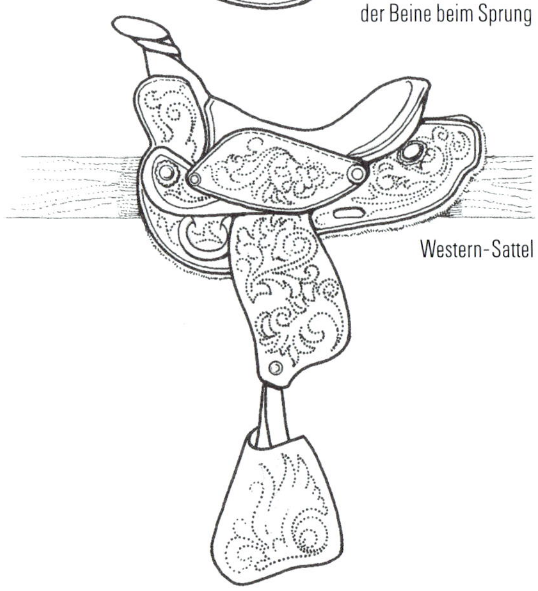
Western-Sattel

Der Vielseitigkeitssattel wird am häufigsten verwendet. Sättel für Dressur und Springen unterscheiden sich in Details; alle drei Formen sind Pritschsättel. Bocksättel wie für den Westernstil haben eine breitere Auflage, tiefen Sitz, das Horn und breite Steigbügel, oft mit einem Fußschutz versehen.

Der Sattel, eine „späte" Erfindung

Im Gegensatz zum Zaumzeug wurden Sättel erst verhältnismäßig spät „eingeführt". Auf vielen antiken Abbildungen sitzen die Reiter direkt auf dem Pferderücken. Auf einer Darstellung aus der Zeit um 300 vor Christus ist erstmals ein Sattel zu erkennen. Auch danach benutzte man, falls man eine Unterlage haben wollte, aber oft nur eine Decke oder ein Fell, die festgegurtet wurden. In Westeuropa lernte man Sättel erst durch die vordringenden Hunnen im 3. und 4. Jahrhundert nach Christus kennen. Verschiedenste Modelle wurden entwickelt, alle zum gleichen Zweck, nämlich für die Bequemlichkeit des Reiters. Für das Pferd bedeutet ein Sattel eine zusätzliche Last. Wenn er schlecht verarbeitet oder aufgelegt ist, bereitet er ihm außerdem noch Schmerzen durch Druck- und Scheuerwunden.

Früher wurden Sättel vorwiegend aus Holz angefertigt und manchmal mit Stoffen oder Leder überzogen. Moderne Sättel bestehen überwiegend aus Leder, mit einem Unterbau aus Kunststoff, oder ganz aus Kunststoff. Zwei Formen sind gebräuchlich: Pritschsättel und Trachtensättel.

„Nostalgisches" Reiten im Damensattel

Bei einem *Pritschsattel* ist die Unterpolsterung (das Trachten- oder Sattelpolster) unter der Sitzfläche schmal und kurz. Durch die geringe Auflagefläche wird das Reitergewicht wenig verteilt und überträgt sich unmittelbar und relativ hart auf den Pferderücken. Pritschsättel werden bei der Ausbildung und im Sport verwendet. Für lange Ritte sind sie ungeeignet.

Trachten- oder *Bocksättel* haben eine durchgehende, breite Polsterung, über die sich das Reitergewicht mehr verteilt. Der Schwerpunkt liegt etwas mehr zurück, so daß die Vorhand des Pferdes besser entlastet wird. Solche Sättel eignen sich vor allem für Dauerritte, weniger zum Springen. Deshalb werden Gelände- und Arbeitssättel auf diese Weise konstruiert. *Hirtensättel* sind meist zusätzlich mit einem großen Horn versehen, um das das Wurfseil zum Einfangen der Tiere gewunden ist.

Außerdem gibt es verschiedene Spezialsättel. *Rennsättel* sehen aus wie Miniaturausgaben von Pritschsätteln. Sie sollen so leicht wie möglich sein, um das Pferd nicht mit unnötigem Gewicht zu belasten. Meist wiegen sie nicht einmal zwei Pfund. Ein gewöhnlicher Ledersattel dagegen wiegt zwischen sieben und zehn Kilogramm.

Im *Damensattel* sitzt die Reiterin nach links, der rechte Schenkel liegt auf einem Sattelhorn. Er entstammt der Engstirnigkeit des Mittelalters. Nachdem Frauen schon lange wie Männer im Grätschsitz geritten waren, galt diese Sitzweise für sie mit einem Mal als unanständig. Damit sie überhaupt wieder reiten konnten, entwickelten findige Köpfe den Seitwärtssitz. Die Einwirkung aufs Pferd ist jedoch schwieriger als im Normalsitz.

Neuzeitliche *Packsättel* für Tragtiere – außer Pferden vor allem Esel und Maultiere – werden ähnlich wie Trachtensättel gefertigt. Sie sind jedoch nicht mit Steigbügeln ausgestattet, durch die sich der Reiter in den Sattel helfen und während des Reitens Halt darin finden kann.

Die Gangarten

Pferde haben wie die meisten Tiere mehrere Gangarten. Man unterscheidet sie nach der Reihenfolge, in der die Beine angehoben und wieder aufgesetzt werden. Aus diesem Ab- und Auffußen, der Fußfolge, ergibt sich der Takt. Jede einzelne Gangart kann in verschiedenen Geschwindigkeiten und mit verschiedenem Raumgriff oder Bodengewinn (Tempi) ausgeführt werden; dies ist die Strecke, die das Pferd jeweils mit einer ganzen Fußfolge zurücklegt. Da die Schubkraft für die Vorwärtsbewegung aus dem hinteren Körperbereich kommt, beginnt eine Fußfolge auch mit den Hinterbeinen.
Der *Schritt* ist ein Viertakt und die langsamste Gangart. Die Fußfolge läuft gleichseitig ab: 1 = ein Hinterbein, 2 = das Vorderbein der gleichen Seite (links oder rechts), 3 = das zweite Hinterbein, 4 = das zweite Vorderbein. Beim Gehen „nickt" der Kopf im Rhythmus des Auffußens der Vorderbeine mit. Freilebende Pferde bewegen sich vornehmlich im Schritt! Beim Grasen läuft er im „Zeitlupentempo" ab. Aber auch über längere Strecken, etwa zu einer Wasserstelle, wandern Pferde in einem gleichmäßigen Schrittempo und rennen nicht wild drauf los. Nur so können sie sich die Kräfte erhalten, die sie im Notfall zur schnellen Flucht vor einem Angreifer brauchen.
Der schnellere *Trab* entsteht, wenn die diagonalen Beinpaare gleichzeitig abfußen. Er ergibt einen Zweitakt: 1 = ein Hinterbein und das dazu diagonale Vorderbein, 2 = das andere Hinterbein mit dem diagonalen Vorderbein. Bei schnellerer Bewegung kann eine sogenannte Schwebephase entstehen, das heißt, daß zwischen den Takten keines der Beine den Boden berührt. Ein Takt wird auch Tritt genannt. Den Trab benutzen Pferde, um etwa ohne besondere Eile einen Artgenossen einzuholen oder auf Distanz zu gehen. Hengste und ranghohe Stuten gebrauchen den Trab zum Imponieren.
Der *Galopp*, die kraftvollste und schnellste Gangart, ist eine Bewegung im Dreitakt. Die

◂ **Schritt** ▴ **Trab** ▾ **Galopp**

Pferde im Polizeidienst

In vielen Ländern stehen, trotz moderner Einsatzmittel, immer noch auch Pferde im Polizeidienst. Das hat seinen guten Grund. Pferde sind in manchen Bereichen jedem noch so schnellen Land-, Wasser- oder Luftfahrzeug überlegen. So kann ein Pferd zum Beispiel querfeldein, über Hindernisse und im Dickicht geritten werden, wo Autos und Motorräder nicht durchkommen.
Pferde sind oft noch einsatzfähig, wenn sich der Einsatz von Hubschraubern aus Sicherheitsgründen verbietet, etwa bei dichtem Nebel und starkem Schneefall. Wasserfahrzeugen haben Pferde voraus, daß sie sich problemlos in seichtem Wasser bewegen können. Außerdem vermag ein Reiter viel besser als ein Fahrzeuglenker feinste Geräusche und Gerüche wahrzunehmen. Im Gegensatz zu Fahrzeugen verursachen Pferde keine Abgase und kaum Lärm und sind oft wesentlich wendiger als sie. Pferde haben deshalb auch bei der Polizei vielfältige Einsatzmöglichkeiten.
Berittene Polizeibeamte überwachen vom Pferderücken aus ausgedehnte Waldgebiete ebenso wie Großstadtparks, Talsperren, Freizeitanlagen und Flughäfen. Man verwendet Polizeipferde bei der Suche nach vermißten Menschen, bei der Verfolgung von Straftätern, für Absperrungsmaßnahmen und Verkehrslenkung bei Unglücken und Großveranstaltungen. Dabei müssen die Pferde auch in extremen Situationen die Nerven behalten.
In einem Spezialtraining werden die Pferde an Dinge und Vorkommnisse gewöhnt, vor denen sie von Natur aus eigentlich Angst haben: flatternde Fahnen, laute und unvermittelt einsetzende Musik, an- und abschwellende Verkehrsgeräusche, sonstiger Lärm jeder Art, Feuer, Qualm, Spritzwasser, Menschenmengen vor und hinter sich.

Fußfolge verläuft: 1 = ein Hinterbein, 2 = das andere Hinterbein und das dazu diagonale Vorderbein, 3 = das andere Vorderbein. Dieses greift am weitesten vor. Danach folgt eine Schwebephase. Eine volle Fußfolge wird auch Sprung genannt. Je nachdem, mit welchem Hinterbein das Pferd anspringt, unterscheidet man den Linksgalopp und den Rechtsgalopp. Freilebende Pferde galoppieren nicht nur, um zu fliehen. Herdenführer verjagen oft im vollen Galopp einen Eindringling oder holen Nachzügler heran. Schon wenige Stunden alte Fohlen verfallen in Galopp und trainieren so für den „Ernstfall“.
Der *Tölt* ist eine Viertakt-Bewegung wie der Schritt. Er hat dieselbe Fußfolge, aber ein viel schnelleres Tempo. Nur ein Huf berührt jeweils den Boden. Außerdem laufen die Pferde dabei, anders als im Schritt, mit hochgehaltenem Hals und vorwärts gestrecktem Kopf, weil sie sich auf diese Weite über den Hals und den Rücken ausbalancieren können.
Freilebende Pferde tölten vor allem auf unebenem oder rutschigem Boden und an Hängen. Sie kommen dabei schneller als im Schritt und sicherer als im Trab oder im Galopp voran.
Beim *Paß*, einer weiteren Zweitakt-Gangart, fußen im Gegensatz zum Trab die gleichseitigen Beine gleichzeitig ab: 1 = das Vorderbein und das Hinterbein einer Seite (links oder rechts), 2 = das Vorderbein und das Hinterbein der anderen Seite. Der jeweilige Hinterfuß setzt etwas früher auf als der Vorderfuß. Pferde benutzen den Paß hauptsächlich bei Wanderungen auf ebenem, festem Untergrund, um etwas schneller als im Schritt, aber dennoch kräftesparend voranzukommen.
In der europäischen Reitweise werden der Schritt, der Trab und der Galopp auch Grundgangarten genannt. „Exotische“ Gangarten wie *Foxtrott, Rack, Slow Gait, Running Walk* und die verschiedenen *Pasos* sind (reiterliche) Abwandlungen der fünf Hauptgangarten.

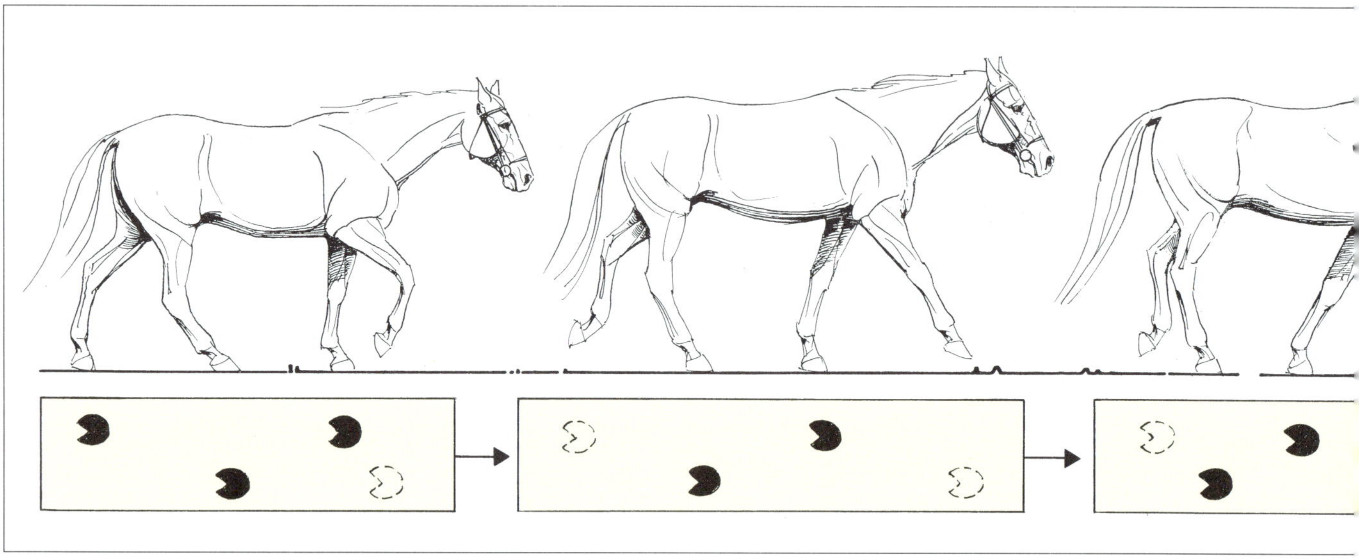

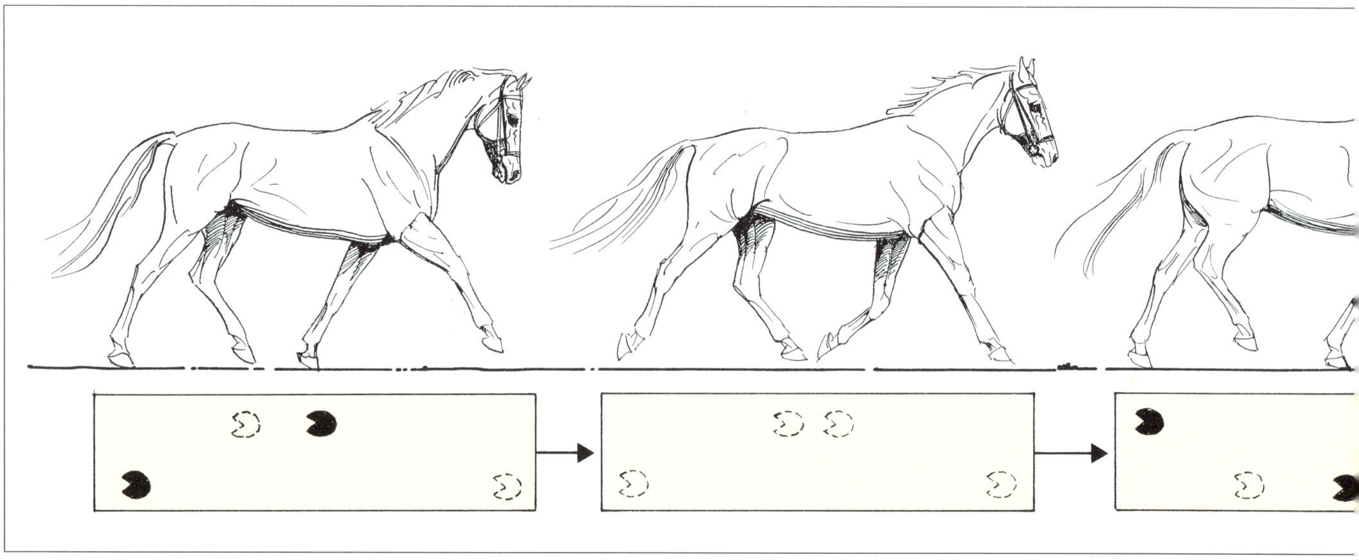

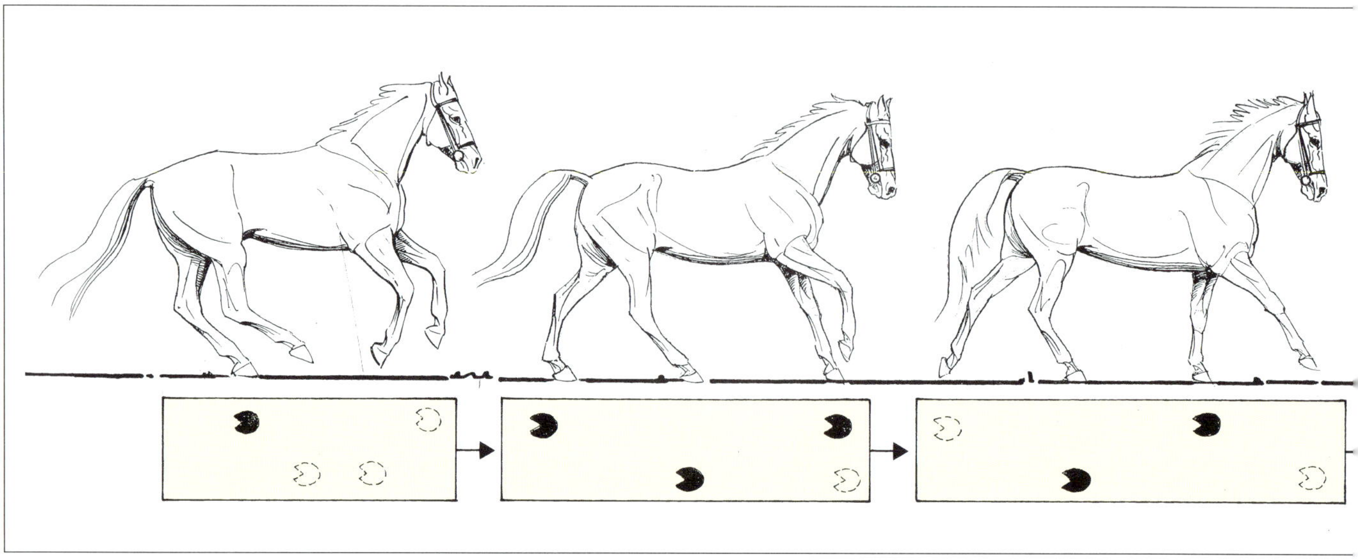

Zum Vergleich sind hier einzelne Phasen der drei Grundgangarten Schritt, Trab, Galopp dargestellt. Die seitliche Ansicht des Pferdes zeigt, wie in der jeweiligen Gangart die Beine aufgesetzt werden, darunter ist die dazugehörige Huffolge abgebildet. Die jeweils auftretenden Hufe sind schwarz gezeichnet. Mit etwas Übung kann man solche Hufspuren richtig deuten, wenn man sie im weichen Boden entdeckt.

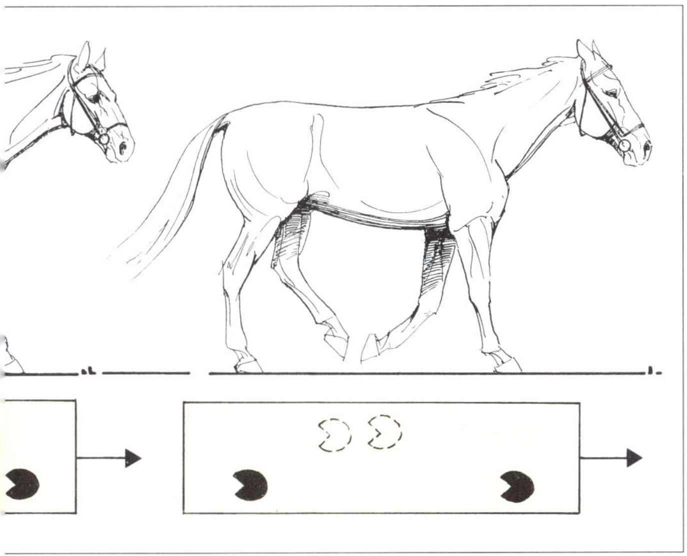

◂ Schritt

◂ Trab

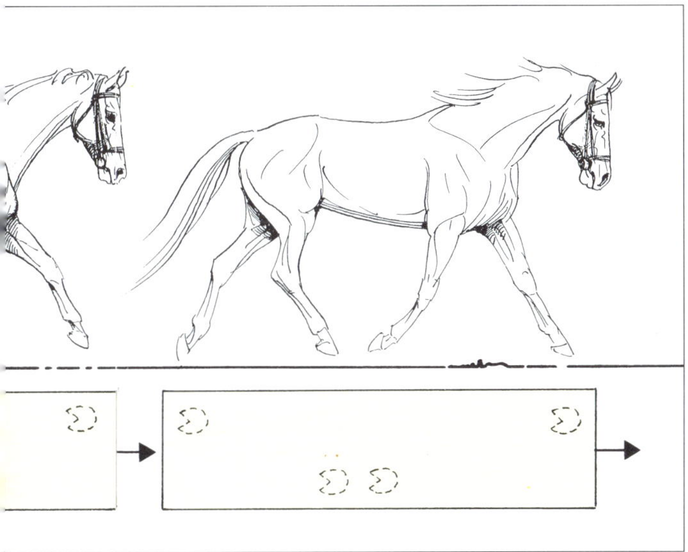

▾ Galopp

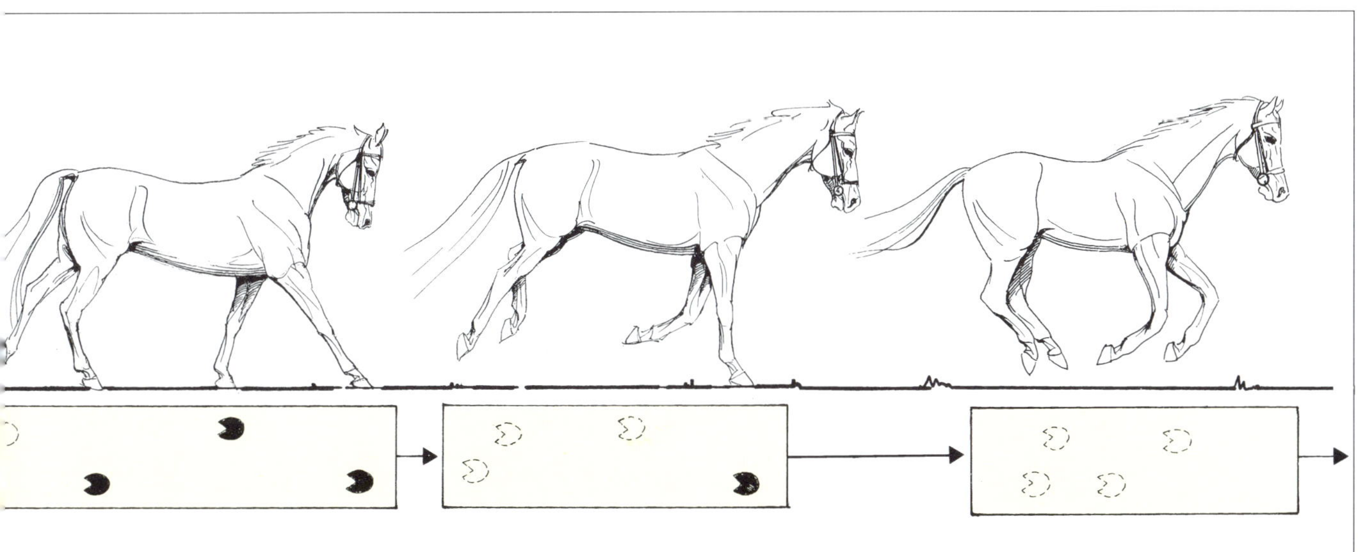

Kleines Quiz für Pferdekenner über die Schulung der Pferde
(Auflösung auf Seite 144)

1. Gymnastizieren heißt …
   a) … auf dem Pferd turnen
   b) … ein Pferd körperlich trainieren
   c) … vor dem Reiten Turnübungen machen

2. Was versteht man unter „Laden“?
   a) Reitsportgeschäfte
   b) den zahnfreien Teil des Pferdeunterkiefers
   c) Holztüren zum Verschließen der Außenboxen

3. Was ist ein Trensengebiß?
   a) Teil des Zaumzeugs
   b) die Zähne des Pferdes
   c) Zahnersatz

4. Wo wird der Kappzaum eingesetzt?
   a) beim Springreiten
   b) beim Longieren
   c) beim Voltigieren

5. Wer hat den Sattel nach Westeuropa gebracht?
   a) die Hunnen
   b) die Römer
   c) die Germanen

6. Welche Gangart ist die schnellste?
   a) Galopp
   b) Tölt
   c) Paß

Reiten will gelernt sein

Reiteranfänger lernen im Unterricht richtigen Sitz und Haltung,
Hilfen und Hufschlagfiguren.
Aber auch das Zäumen, Satteln und Putzen
muß man beherrschen.

Das Aufsteigen, in der Fachsprache Aufsitzen genannt, erfolgt immer von links.

Wie man zu Pferde sitzt

Das Wesentliche beim Reiten ist der richtige Sitz. Durch falsches Sitzen schadet der Reiter sich selbst und seinem Pferd. Er rutscht im Sattel hin und her, wird „geworfen" und kann sich nur mühsam halten. Er fällt dem Pferd dadurch ständig in den Rücken und reißt ihm im Maul, weil er die Zügel als „Rettungsanker" zu verwenden sucht. So entstehen bei beiden schmerzhafte Verspannungen, Druckstellen und Schürfungen. Außerdem kann der Reiter nur wenig auf sein Pferd einwirken und ist ständig in Gefahr herunterzufallen. Ein schlecht gerittenes Pferd hat meist Schmerzen, geht verkrampft und eckig und läßt sich immer noch schlechter reiten – ein böser Teufelskreis (auch) für das Tier.

Der Reiter soll „unabhängig" sitzen. Das heißt, er darf sich nirgends krampfhaft festhalten, weder mit den Händen an den Zügeln noch mit den Beinen am Pferdeleib. Einen unabhängigen, geschmeidigen Sitz und eine gute Einwirkung hat man nur, wenn man sich im Gleichgewicht (in der Balance) halten kann, auch wenn das Pferd sich schnell vorwärts oder auf nichtgeraden Bahnen bewegt. Dazu gehört auch ein guter Schenkel- und Knieschluß. Das heißt, daß die Waden und die Knie durch den richtigen Sitz gut anliegen, ohne zu klammern.

Wichtig ist stets, daß der Schwerpunkt des Reiters mit dem des Pferdes übereinstimmt, denn nur dann können sich beide richtig ausbalancieren. Der Reiter findet ihn im tiefsten Punkt des Sattels, sofern der Sattel richtig aufgelegt ist und paßt.

Anfänger sitzen oft verkrampft, weil sie körperlich noch nicht trainiert sind und weil sie Angst haben. Sie kommen vor oder hinter den Schwerpunkt und geraten dadurch aus der Balance. So entsteht eine negative Wechselwirkung. Möglichst viele Übungsstunden besonders zu Anfang sind zur rascheren Eingewöhnung und Anpassung sehr empfehlenswert.

Grundsätzlich werden zwei Arten des Sitzes unterschieden: der belastende Sitz und der entlastende Sitz. Belastend ist in der deutschen (oder europäisch-kontinentalen) Reitweise – das ist der bei uns übliche Reitstil – der Dressursitz oder allgemeine Gebrauchssitz. Der Reiter sitzt aufrecht mit geradem (nicht steifem) Rücken und hat das Gesäß – und damit das volle Gewicht – tief „im" Sattel. Die Oberarme hängen locker herab, die Unterarme und die Handgelenke sind nach vorn gerichtet. Mit aufrechtstehender leichter Faust werden die Zügel gehalten. Die Beine liegen am Pferdekörper und sind im Knie- und im Knöchelgelenk leicht angewinkelt, der Unterschenkel liegt am Sattelgurt. Die Zehenspitzen zeigen nach vorn-innen.

Bei anderen Reitweisen reitet man ebenfalls überwiegend im Belastungssitz, auch wenn die Beine mehr gestreckt werden. Stark belastend (für das Pferd) ist der sogenannte Sicherheitssitz (altenglischer Sitz), bei dem der Reiter mit zurückgelehntem Oberkörper fest einsitzt, die Zügel straff hält und die Beine nach vorn streckt.

Der entlastende Sitz heißt auch leichter Sitz. Er befreit den Pferderücken vom Gewicht des Reiters. So kann das Pferd sich im Rücken freimachen, die Muskulatur „lösen" (entspannen), es kann leichter springen und schneller laufen.

Der leichte Sitz entsteht aus dem Dressursitz. Der Reiter hat sein Gesäß nur noch am oder über dem Sattel. Knie- und Wadenschluß werden verstärkt, denn sein Gewicht ruht jetzt auf den Oberschenkeln. Damit die Schwerpunkte übereinander bleiben, muß er seinen Oberkörper nach vorn beugen und auch hierbei geschmeidig in der Bewegung des Pferdes mitgehen.

Korrekter Dressursitz

Deutlicher leichter Sitz im Galopp

Entlastungssitz beim Springen

Den leichten Sitz lernt man meist zuerst beim Leichttraben kennen; dies ist eine Kombination aus belastendem und entlastendem Sitz. Der Reiter hebt sich, wenn das Pferd trabt, bei jeder zweiten Trabphase aus dem Sattel und setzt sich bei der nächsten wieder zurück. Der Entlastungssitz wird außerdem beim Anreiten (der Grundausbildung) junger Pferde in allen Gangarten verwendet, man nennt ihn auch Remontesitz. Im Gelände wird grundsätzlich im leichten Sitz (Jagdsitz) galoppiert (und leichtgetrabt).
Ganz extrem über dem Sattel befinden sich die Galopprennreiter im Rennsitz. Wird überwiegend im leichten Sitz geritten, dann werden die Steigbügel kürzer geschnallt als beim Dressursitz.
Ein Reiter im totalen, unabhängigen Sitz kann sein Pferd lenken, ohne die Zügel anzufassen. Allerdings muß das Pferd gut ausgebildet sein, so daß es auch ohne Zügeleinwirkung „in Haltung" bleibt.

Die Hilfen des Reiters

Hilfen sind die Körpersignale des Reiters an das Pferd. Durch sie verständigt er sich mit seinem Pferd und macht ihm klar, was er von ihm will. Diese „Sprache" ist zusammen mit dem Sitz der Kern des Reitens, die Reitweise. Reitanfänger müssen sie genauso erlernen und richtig anwenden wie eine Fremdsprache, und die Pferde müssen in der gleichen Weise ausgebildet sein, damit sie den Reiter „verstehen".
Bevor sich der Anfänger in der Praxis mit den Hilfen beschäftigt, sollte er bereits sicher im Sattel sitzen und die Zügel ruhig halten können. In einer guten Reitschule übt man diese Fertigkeit in Longenstunden. Der Reitlehrer lenkt das Pferd an der Longe, und der Reitschüler kann sich ganz darauf konzentrieren, die Balance zu suchen und zu halten. Er braucht sich nicht darum zu kümmern, in welcher Gangart und in welche Richtung das Pferd laufen soll.

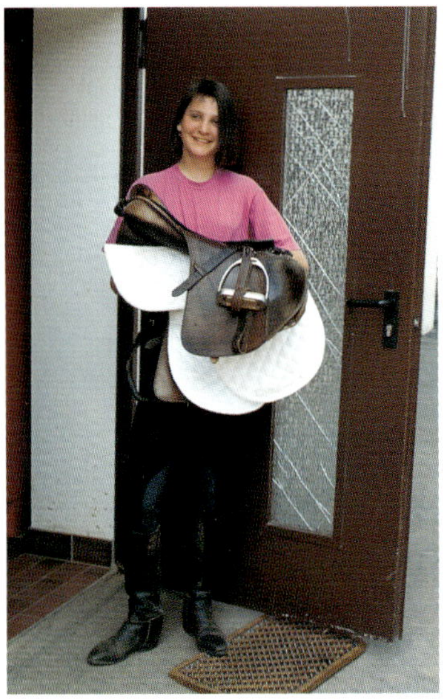

Jeder Reitschüler sollte ein Pferd selbständig satteln und zäumen können. Das Sattel- und Zaumzeug muß mit Sorgfalt behandelt werden, damit es nicht verschmutzt oder beschädigt wird. Der Sattel wird hinter dem Widerrist auf den tiefsten Punkt des Rückens aufgelegt. Der Sattelgurt liegt dann etwa eine Handbreit hinter den Vorderbeinen. Nichts darf scheuern.

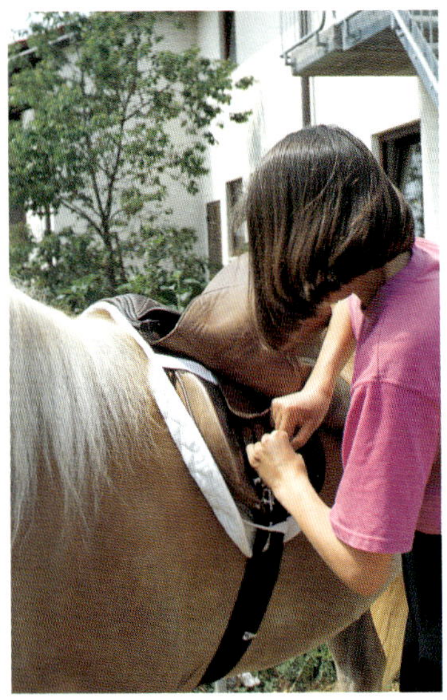

Manche Pferde brauchen einen Schweifriemen, damit der Sattel nicht nach vorn verrutscht. ▼

Beim Gebißzaum kommt zuerst das Gebiß ins Maul. Dann führt man das Lederzeug behutsam über den Kopf. Der Stirnschopf wird über den Stirnriemen gelegt, danach schließt man die Schnalle des Reithalfters (falls eines benützt wird) so, daß noch zwei Finger durchgesteckt werden können. Nach dem Schließen des Kehlriemens sollte man noch eine Hand zwischen Riemen und Kehle durchschieben können.
Zum Führen eines gezäumten Pferdes faßt man mit der rechten Hand nahe unter dem Kinn beide Zügel. Einen oder zwei Finger steckt man dazwischen, damit der Druck auf die Laden nicht zu stark wird. Die Zügelenden hält man möglichst mit der anderen Hand. Nur wenn sie nicht frei ist, hält man sie mit in der rechten Hand.

Hilfen erfolgen über die Zügel, das Reitergewicht und die Schenkel.

Hilfen werden im wesentlichen unterschieden in treibende, in verhaltende oder verwahrende und in annehmende und nachgebende Hilfen. Ausgeführt werden sie durch Schenkeldruck (Schenkelhilfen), durch Druck mit dem Gesäß und Gewichtsverlagerung (Gewichtshilfen) und durch Annehmen und Nachgeben der Zügel (Zügelhilfen) aus dem Handgelenk heraus.

Wichtig dabei ist, daß man stets mit mehreren Hilfen gleichzeitig auf das Pferd einwirkt. Eine einzelne Hilfe wäre wie ein unvollständiger Satz. Die Signale sollen sich an das „ganze Pferd" richten, nicht nur an einen bestimmten Körperteil.

Hilfen werden zum Anreiten (das Pferd aus dem Stehen in Bewegung setzen) ebenso benötigt wie für alle Lektionen in der Bewegung und zum Halten. Schenkel-, Gewichts- und Zügelhilfen können durch die Stimme des Reiters (im Unterricht auch durch die des Reitausbilders) sowie durch die Hilfsmittel Gerte und Sporen unterstützt oder verstärkt werden.

Bestimmte Hilfen nennt man auch „Paraden". Eine Parade ist ein Zusammenspiel aus verhaltenden Zügelhilfen und treibenden Hilfen mit den Schenkeln und dem Kreuz. Man reitet das Pferd „in den Zügel hinein". Mit halben Paraden macht man sein Pferd auf eine neue Gangart, Richtung oder Lektion aufmerksam, eine ganze Parade braucht man nur zum Halten. Bei halben Paraden bleibt also das Pferd in Bewegung, bei ganzen Paraden kommt es zum Stehen. Halbe Paraden gibt man beidseitig oder halbseitig, je nach dem Zweck der Übung; ganze Paraden werden immer beidseitig gegeben. Diese Arten der Hilfengebung sind ein Merkmal der deutsch-kontinentalen Reitweise. Wichtig ist es, solche Hilfen mit Maßen anzuwenden, damit kein unschönes „Kraftreiten" daraus wird, das den Reiter unnötig anstrengt und für das Pferd unangenehm ist. Beim Westernreiten werden kaum Schenkelhilfen gegeben, viele Signale laufen über die Zügel. Die Pferde sind so geschult, daß sie zum Beispiel die

Dressursitz einer Westernreiterin

Reiten auf der rechten Hand

Reiten auf der linken Hand

Richtung wechseln, wenn die Zügelhand seitlich verschoben wird. Reitfehler zum Nachteil der Pferde können allerdings in jeder Reitweise gemacht werden.

Hufschlagfiguren und andere Lektionen

Die Grundausbildung und das allgemeine Training für Pferde und Reiter erfolgen in einer Reitbahn. Sie kann sich auf einem offenen Platz befinden oder in einer Halle. Die Maße für „klassische" Reitbahnen sind einheitlich: sie betragen 20 x 40 Meter oder 20 x 60 Meter (entspricht dem Olympia-Maß). Dadurch ergeben sich überall zwei lange und zwei kurze Seiten, und so werden sie auch im Unterricht bezeichnet. An der Mittellinie stellen sich die Reiter mit ihren Pferden zu Unterrichtsbeginn auf. Dies ist die (gedachte) gerade Linie von der Mitte einer kurzen Seite zur anderen.
Als Reitanfänger muß man sich einige Fachausdrücke merken, sonst versteht man den Reitlehrer nicht. Zuerst wird das Vorwärtsreiten in allen drei Grundgangarten geübt. Von der Mittellinie aus reitet man normalerweise auf den äußeren „Hufschlag", das ist der Weg an den Seiten entlang. Verschiedene gerade, gebogene und kreisförmige Strecken nennt man „Hufschlagfiguren". Sie werden geritten, um die Pferde biegsam und geschmeidig zu machen. Sie sind nicht eingezeichnet, die Reiter müssen sie „auswendig" lernen.

Man reitet nicht „linksherum" oder „rechtsherum", sondern „auf der linken Hand" oder „auf der rechten Hand". Das ist diejenige Seite des Reiters und des Pferdes, die zur Bahnmitte gerichtet ist. Sie heißt deshalb auch „innere Hand". Die andere Seite ist die „äußere Hand".
Damit die Pferde nicht einseitig belastet werden, macht man öfter einen „Handwechsel". Auch dazu werden bestimmte Hufschlagfiguren geritten, oder man führt eine „Wendung auf der Vorhand" oder eine „Wendung auf der Hinterhand" aus. Das Pferd dreht sich dabei in einem Halbkreis um die Vorder- oder Hinterhand herum, während es mit dem bezeichneten Beinpaar auf der Stelle tritt.
Für solche „Wendungen" braucht man schon einige Reiterfahrung. Das gilt auch für Lektionen wie das „Schenkelweichen" (das Pferd geht dabei seitwärts-vorwärts) und für das „Rückwärtsrichten"; dabei muß das Pferd eine kurze Strecke rückwärts gehen.

In der Reitbahn sind bestimmte Stellen als „Wechselpunkte“ festgelegt. Dort wird meist bei Handwechseln der äußere oder erste Hufschlag verlassen beziehungsweise wieder erreicht. Man kennzeichnet diese Punkte mit Buchstaben. „A“ bezeichnet meist die Mitte der kurzen Seite, die dem Eingang am nächsten liegt. Reitet man rundherum an den Seiten entlang, befindet man sich auf der „ganzen Bahn“ (blaue Linie). Benutzt man nur eine Hälfte der Reitbahn, reitet man „Halbe Bahn“ (rote Linie). Wechsel auf geraden Linien sind zum Beispiel „durch die ganze Bahn wechseln“ (gelbe Linie), „durch die Länge der Bahn wechseln“ (grüne Linie) oder „durch die halbe Bahn wechseln“ (violettfarbene Linie).

Alle gebogenen Hufschlagfiguren dienen im wesentlichen dazu, die Pferde geschmeidig zu machen. Schlangenlinien erfordern mehrmaligen Richtungswechsel auf der gleichen Hand. Der Reiter muß mehrmals umsitzen und seine Hilfen umstellen. Üblich sind beim Reiten „einfache Schlangenlinien“ (blaue Linie), „doppelte Schlangenlinien“ (grüne Linie) und „Schlangenlinien durch die ganze Bahn“ (rote Linie).

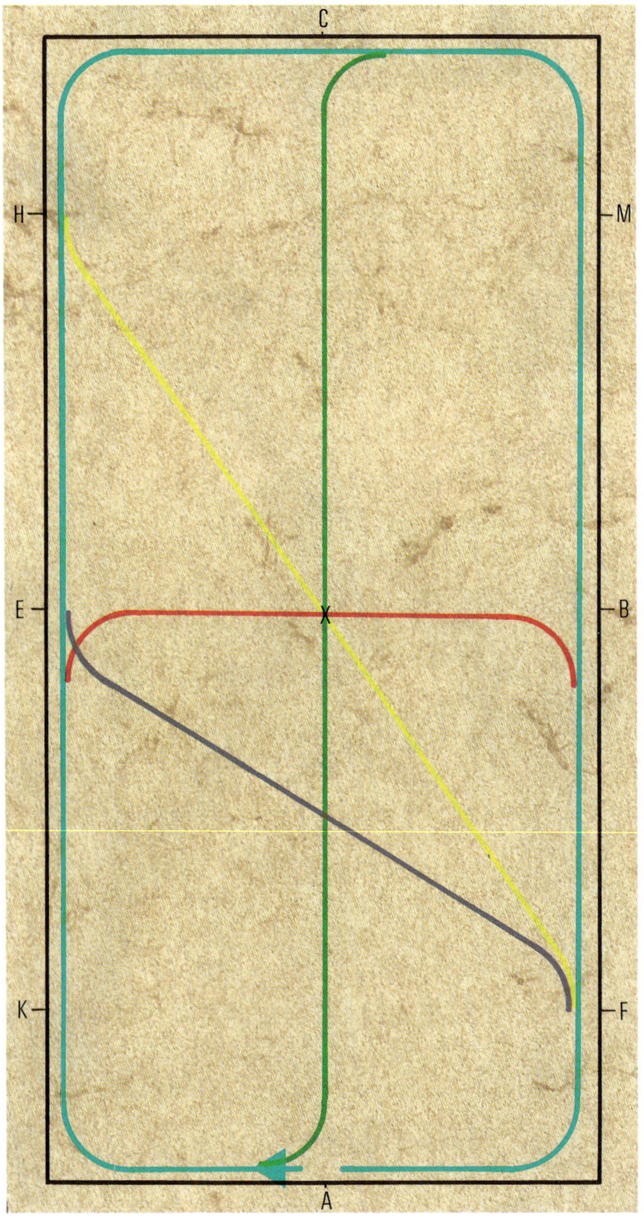

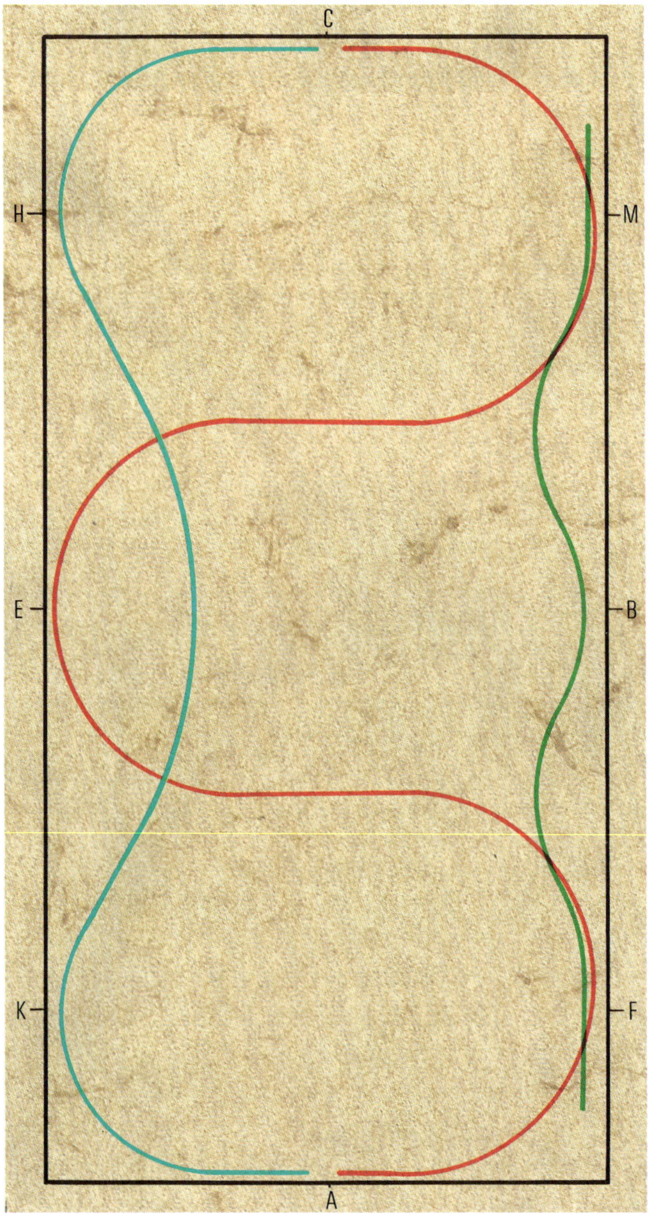

Der „Zirkel" ist die halbe Bahn in „rund". Die äußere Zirkellinie ist gleichzeitig der äußere Hufschlag. Statt „ganze Bahn" reitet man „auf dem Zirkel" (blaue Linie). Zum Handwechsel kann man „aus dem Zirkel wechseln" (rote Linie) oder „durch den Zirkel wechseln" (grüne Linie). Dies ist jedoch besonders schwierig.

„Volten" sind kreis- oder halbkreisförmige Figuren, meist vom äußeren Hufschlag aus. Bei der (ganzen) Volte (grüne Linie) bleibt man auf derselben Hand. Dagegen dient die „Kehrtvolte" (blaue Linie) von einer langen Seite aus dem Handwechsel, ebenso das „Kehrt aus der Ecke" (rote Linie). Beide führen nach einigen Metern auf den äußeren Hufschlag einer langen Seite zurück.

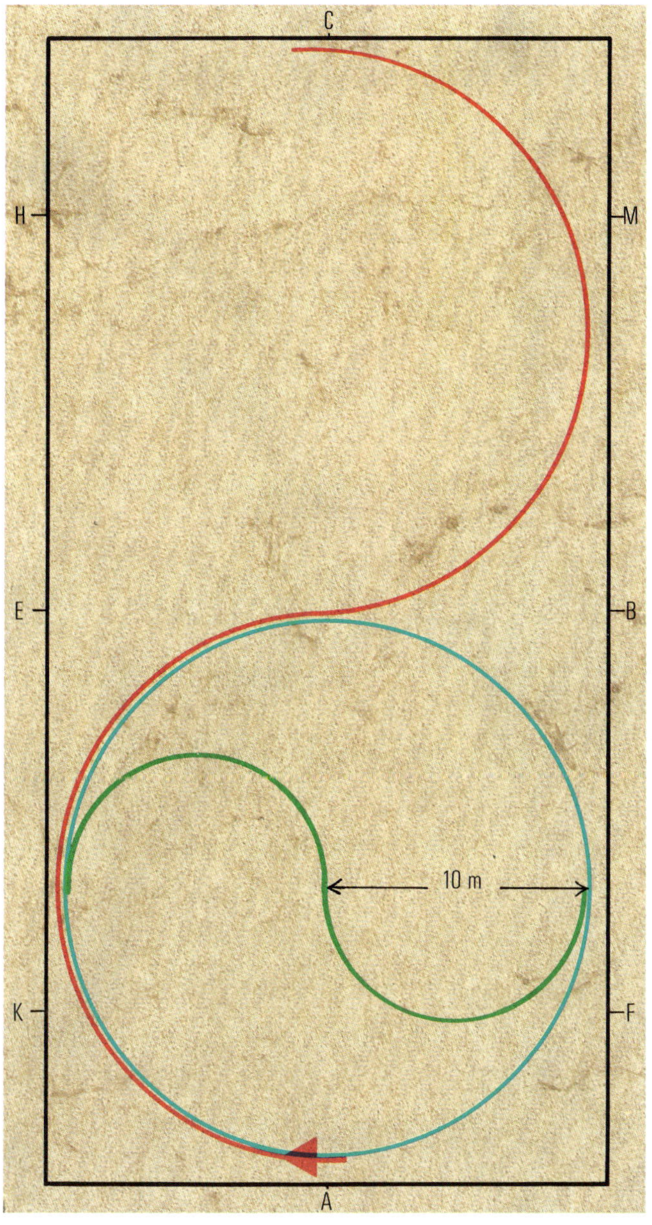

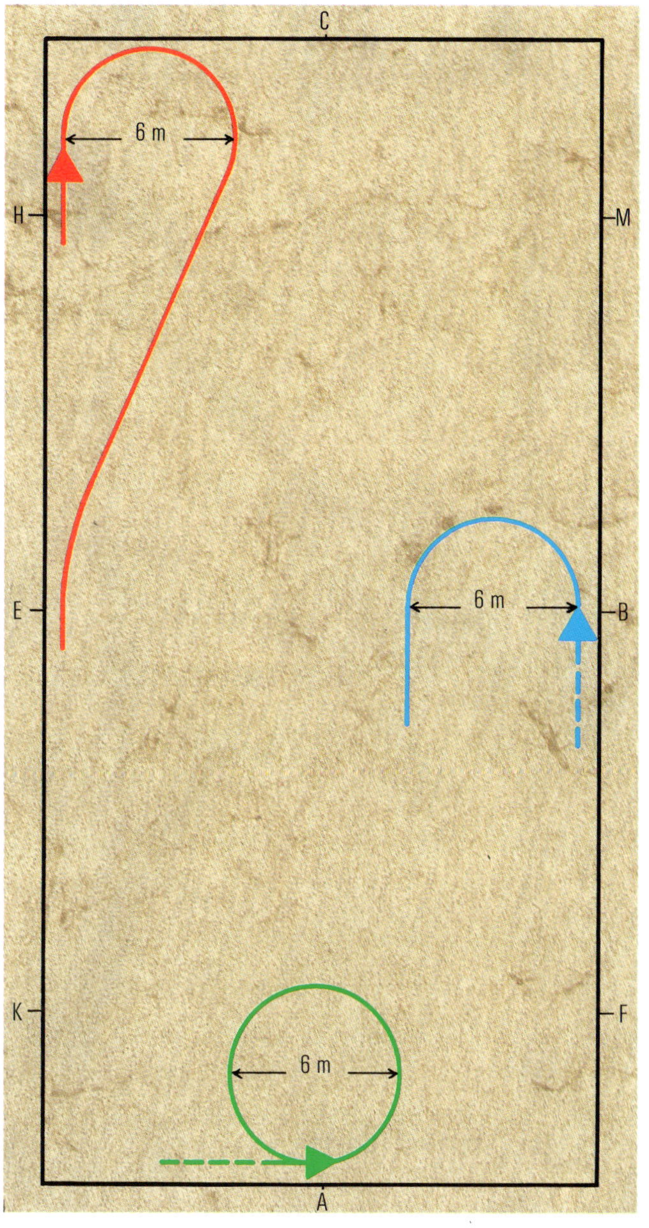

Hohe Schule auf und über der Erde

Eine Dressurprüfung der schweren Klasse (S-Klasse)

Die Hohe Schule

Die anspruchsvollsten Lektionen der Dressur nennt man *Hohe Schule*. Es geht dabei nicht nur um einzelne, besonders attraktive Übungen. Die Pferde brauchen dafür zwar eine Veranlagung, Voraussetzung ist aber immer eine überdurchschnittliche Gymnastizierung und ein langes Training. Viele Pferde erreichen Höchstleistungen erst im fortgeschrittenen Alter, also wenn sie älter als zehn bis zwölf Jahre sind. Auch die Reiter müssen gründlich ausgebildet sein und ständig trainieren. Die Hohe Schule der klassischen Reiterei wird eingeteilt in die Übungen „auf der Erde“ und in die Lektionen „über der Erde“. Alle Spitzendressurpferde – gleich ob für Turniere oder für Schauveranstaltungen – beherrschen „Bodenübungen“. Dazu zählt unter anderem die *Piaffe*, das ist ein ausdrucksvoller Trab auf der Stelle. Auch *Traversalen* (Seitwärtsgänge) und *Pirouetten* im Galopp gehören dazu sowie *fliegende Galoppwechsel*. Das Pferd muß dabei ohne jeden Zwischentritt vom Linksgalopp in den Rechtsgalopp umspringen und umgekehrt.
Schule „über der Erde“ sind Aufrichtungen, bei denen das Pferd sich deutlich in der Hinterhand senkt (also kein bloßes Steigen), und alle Sprünge, bei denen das Pferd ganz vom Boden abhebt. Dazu gehören die *Levade* (Aufrichtung im Stehen), die *Courbette* (Vorwärtsspringen auf der Hinterhand) und die *Capriole*, ein „Luftsprung“ mit ausschlagender Hinterhand. Die Übungen werden *am langen Zügel* oder mit Reiter gezeigt, meist sind die Pferde auf eine oder höchstens zwei der sehr schwierigen Schulsprünge spezialisiert.
Berühmt für die Pflege der klassischen Hohen Schule sind die Spanische Reitschule zu Wien und das Cadre Noir an der nationalen französischen Reitschule in Saumur.

Longenarbeit mit einem getrensten Pferd.

Hier trägt das Pferd auch einen Sattel.

Longieren – aber richtig

Die Longe ist eine breite Leine, zwischen sechs und zehn Meter lang und meist aus Gurtstoff. Zum Longieren lenkt man das Pferd an einer solchen Longe auf einem Kreis, entweder in der Reitbahn oder auf einem eigenen Longierplatz, einem Longierzirkel. Die Longe ist in die Trense oder in einen Kappzaum eingeschnallt und wird vom Longenführer in leichter Spannung gehalten.
Als Hilfsmittel werden meist Ausbindezügel verwendet. Sie verlaufen von den seitlichen Ringen des Nasenriemens oder von den Gebißringen zum Sattel. Das Pferd lernt beziehungsweise übt, den Kopf richtig zu halten, sich in die Richtung zu wenden, in die es geht, und im Gleichgewicht zu bleiben. Gummiringe an den Ausbindern oder elastisches Material sind am besten, denn sie geben wie die Hand des Reiters etwas nach.
Eine Doppellonge besteht aus zwei Longen, die beidseitig über einen Longiergurt nach hinten verlaufen. Damit wird sogenannte Handarbeit gemacht. So werden Fahrpferde angelernt, aber auch sehr schwierige Dressurlektionen, die Hohe Schule an der Hand, vorgeführt.
Mit der langen Longierpeitsche wird das Pferd nicht geschlagen, sondern zum Vorwärtsgehen angeregt und auf dem Zirkel gehalten. Das Pferd reagiert vor allem aber auch auf die Stimme des Longenführers. Dieser kann das Pferd aufmuntern, loben, auffordern oder beruhigen.

Zur Longenarbeit kann ein Pferd ungesattelt sein, aber auch gesattelt werden und einen Reiter tragen. Longiert werden zum Beispiel junge Pferde in der Grundausbildung. Sie lernen dabei, in den Grundgangarten auf jeder Hand zu gehen, Geschwindigkeit und Rhythmus beizubehalten und die Hilfen des Reiters anzunehmen. Ältere Pferde longiert man vor dem Reiten, damit sie sich „lösen", das heißt lockern können.
Die Arbeit an der Longe ist sehr geeignet für Pferde, die durch einen längeren Stallaufenthalt „stallsteif" geworden sind und wenig Kondition haben, zum Beispiel nach einer längeren Krankheit. Eine gute Methode ist Longenarbeit auch zur Korrektur verrittener Pferde.
Longieren heißt nicht, daß das Pferd einfach um den Longenführer herumtrottet oder von ihm wild herumgescheucht wird. Damit richtet man nur (noch mehr) Schaden an. Richtiges Longieren will ebenso gelernt sein wie richtiges Reiten. Ziel ist es, daß das Pferd in allen drei Grundgangarten geschmeidig, gleichmäßig und ruhig vorwärtsgeht.
Auch beim Voltigieren wird longiert. Dabei trägt das Pferd einen Longiergurt, an dem sich die Sportler hochziehen und abstützen.

Cavalettiarbeit

Cavalettis oder Bodenricks sind runde Holzstangen, etwa 12 Zentimeter stark und zwei bis drei

Reitanfänger werden meist „an die Longe genommen", damit sie sich auf die Balance konzentrieren können.

Meter lang, deren Enden auf Holzkreuzen aufliegen. Ein Cavaletti kann so gedreht werden, daß die Stange entweder knapp über dem Boden liegt oder 30 bis 40 beziehungsweise 50 bis 60 Zentimeter darüber. Hoch- und übereinandergestellt, dienen Cavalettis auch für erste Springübungen.
Anfangs läßt man das Pferd erst einmal über einfache Bodenstangen ohne Ständer gehen. Man legt mehrere Stangen hintereinander in die Reitbahn auf gerader Linie. Der Abstand zwischen ihnen wird so bemessen, daß das Pferd ohne Zwischentritte darübergehen kann. Das gleiche gilt auch für die Cavalettis. Beim Abteilungsreiten mit unterschiedlich großen Pferden müssen die Abstände jedem Pferd angepaßt werden. Die Abstände unterscheiden sich auch bei Schritt und Trab.
Die Stangen- oder Cavalettiarbeit wird anfangs stets im Schritt durchgeführt. Das Pferd soll sich dehnen und strecken können. Zusätzliche Entlastung für den Pferderücken bringt der leichte Sitz, auch schon im Schritt. Zur Ausbildung, aber auch bei sehr verrittenen Pferden, wird die Bodenstangen- beziehungsweise Bodenrickarbeit meist an der Longe durchgeführt.

Springen ohne Streß

Jedes gesunde Pferd kann mit der Zeit lernen, kleinere Hindernisse mit einen Sprung zu überwinden. Springübungen müssen jedoch sehr genau auf das Alter, den Ausbildungsstand und die Kondition eines Pferdes abgestimmt sein. Viele Pferde werden schon jung „sauer" gesprungen, weil zuviel und zu anstrengend trainiert wird. Reiter sollten erst dann üben, wenn sie „sauber" sitzen, und dann nur auf einem erfahrenen Pferd.
Häufig werden junge Pferde im Freispringen geübt, dem Springen ohne Reiter. In großen Ausbildungsställen gibt es oft eigene „Springgärten". Das sind eingegrenzte Hindernisbahnen, auf denen die Pferde nicht ausweichen können.
Im allgemeinen gewöhnt man ein Pferd als erstes daran, an der Longe über niedrige Bodenricks zu springen. Seitlich legt man eine Stange schräg an, damit sich die Longe nicht verfängt, oder das Pferd um das Hindernis herumläuft. Später übt man – ohne Longe – auch an anderen einfachen Hürden, zum Beispiel an Strohballen, Fässern oder verstellbaren Stangen.

▲ Einfache Stangen als Cavaletti hochgelegt

▼ Springen beginnt mit niedrigen Hürden.

Kleines Quiz für Pferdekenner über das Reiten
(Auflösung auf Seite 144)

1. Der Dressursitz ist ein . . .
   a) . . . Sicherheitssitz
   b) . . . entlastender Sitz
   c) . . . belastender Sitz

2. Was versteht man unter „Hilfen"?
   a) Bücher über den Reitsport
   b) Körpersignale des Reiters an das Pferd
   c) Hilfestellung, um in den Sattel zu kommen

3. Was ist eine Hufschlagfigur?
   a) eine Reitbahnlinie
   b) ein Reiterstandbild
   c) ein Hufabdruck im Sand

4. Paraden sind . . .
   a) . . . der Einsatz von Gerte und Sporen
   b) . . . ein Ausweichmanöver zu Pferd
   c) . . . verhaltende Zügelhilfen und treibende Hilfen

5. Welche Maße haben Reitbahnen in der Regel?
   a) 20 x 40 Meter
   b) 30 x 60 Meter
   c) 100 x 150 Meter

6. Was ist eine „Piaffe"?
   a) Seitwärtsgang beim Dressurreiten
   b) Trab auf der Stelle
   c) Aufrichtung des Pferdes im Stehen

Freizeit, Spiel und Sport

Viele verbringen ihre Zeit am liebsten mit Pferden.
Zu den besonders schönen Sportarten zu Pferd gehört Voltigieren, Wanderreiten, Westernreiten oder auch Schnitzeljagden.

Hinaus in die Landschaft

Für viele Reitanfänger ist es der schönste Augenblick ihrer bisherigen „Karriere“: Nach vielen Schulungsstunden sind sie nun einigermaßen „sattelfest“ und dürfen den ersten Ausritt unternehmen – natürlich in Begleitung geländeerfahrener Reiter.
Reiten im Freien kann für Reiter und Pferde sehr erholsam sein, es stellt aber auch besondere Anforderungen an sie. Schwieriger Untergrund, natürliche Hindernisse oder Anhöhen sind für Anfänger ungewohnt. Als Geländereiter muß man die Ge- und Verbote zum Reiten in Wald und Flur und im Straßenverkehr kennen.
Die Pferde müssen verkehrs- und geländesicher sein. Ängstliche und unerfahrene Pferde werden oft unruhig und gehen im schlimmsten Fall durch. Geländereiten erfordert deshalb viel Übung. Oft muß man an verkehrsreichen Straßen oder Bahngleisen entlangreiten, bevor man ins Gelände kommt. Selbst abgelegene Gebiete werden von Flugzeugen überflogen. Wildtiere kommen meist erst kurz vor den Pferden aus ihrem Versteck, um wegzulaufen.
Ein besonderes Vergnügen an heißen Tagen ist Schwimmen, auch für Pferde. Ihre Schwimmbewegungen führen sie instinktiv aus, trotzdem führt man sie an tieferes Wasser langsam heran, damit sie nicht erschrecken. Die Reiter schwimmen nebenher und müssen nur aufpassen, daß sie nicht unter die Hufe geraten.

Wandern zu Pferd

Ritte über mehrere Tage oder Wochen erfordern gründliche Vorbereitungen. Die Tour samt den einzelnen Tagesetappen muß frühzeitig festgelegt sein, damit man für jede Nacht ein Quartier bekommt. Jeder Teilnehmer sollte Geländekarten und den Kompaß lesen und lockere Hufnägel

Auf einem Tagesritt müssen die Pferde ihren Durst auch unterwegs stillen können.

Schon Fohlen lernen beherzt durchs kühlende Naß zu schwimmen, wenn die Mutterstute gern ins Wasser geht. Die Fähigkeit zu schwimmen ist ihnen angeboren.

Trekking, das Wanderreiten, kann mehrere Tage lang dauern. Um die Pferde zu schonen, werden sie deshalb immer wieder geführt.

nachziehen können. Für lange Ritte eignen sich Trachtensättel besser als die normalen Reitsättel. Sie verteilen das Gewicht des Reiters und der Ausrüstung günstig.

Einen neuen Sattel (und eventuell eine weiche Satteldecke) kauft man einige Wochen, bevor die Wanderung beginnt. Die Pferde müssen rechtzeitig – mit dem neuen Sattel – für stundenlanges Schrittreiten trainiert werden. (Getrabt wird wegen des Gepäcks nur wenig, Galoppieren und Springen unterläßt man ganz.)

Wichtige Ausrüstungsteile sind auch ein Stallhalfter, Anbindestricke, zwei Satteltaschen, ein Schlafsack, Putzzeug, Bekleidung für unterschiedliche Wetterlagen, eine Notapotheke und Stiefelleuchten.

Außerdem nimmt man für jedes Pferd einen Satz passender Hufeisen vom „Haus"-Schmied mit. Gehen unterwegs Eisen verloren, ist ein fremder Schmied meist froh, wenn man das Ersatzeisen mitbringt.

Alles mögliche kann den Ritt beeinträchtigen: unerwartete Umwege wegen Baustellen oder unpassierbarer Straßen, Gewitter, Dauerregen, Zwangsaufenthalte, weil ein Pferd oder ein Reiter sich verletzt hat oder unpäßlich ist, schlechte Unterkünfte und andere „Schicksalsschläge". Helfer in der Not sind dann oft nur eine besonders große Portion an Humor und Gelassenheit. Das gilt auch für geführte Trekkings, die von Reiseunternehmen durchgeführt werden.

Viele Clubs schreiben Sternritte aus. Reiter aus allen Richtungen begeben sich dabei auf Wanderschaft zu Pferd, um sich an einem bestimmten Ort zu treffen.

Spiele sind nicht immer spielend leicht

Reiterspiele bringen Abwechslung in den Reiter- und Pferdealltag. Oberstes Gebot ist jedoch immer die Sicherheit für die Teilnehmer und die Zuschauer. Es gibt Geschicklichkeitsprüfungen, Staffelläufe, Hindernisritte und Slalomrennen. Man muß vielleicht Äpfel, Kartoffeln, Zitronen oder Wasserbecher einsammeln und (zu Pferd) transportieren, oder es wird die originellste Kostümierung zu einem bestimmten Thema gesucht. Vielleicht treten die Reiter zum Sackhüpfen an, müssen auf einer Stange neben ihren Pferden herlaufen oder mit behandschuhten Fingern einen Knopf annähen.

Einzelne Reiter können gegeneinander antreten ebenso wie Paare oder Gruppen. Ein sauberer Reitstil ist auch bei Reiterspielen ein Gebot der Fairneß dem Pferd gegenüber.

An einer Rallye, einem Suchspiel im Gelände, können außer Reitern manchmal auch Gespannfahrer teilnehmen.

Vielerorts werden Rennveranstaltungen für Freizeit-Pferdesportler abgehalten, sowohl für Reiter und Fahrer wie auch für Skikjöring-Freunde.

Am Streifenvorhang kann das Pferd zeigen, daß es nicht so leicht aus der Ruhe zu bringen ist.

Für Reiterspiele gibt es eine breite Palette von Aufgaben. Das Reiten zwischen und über Stangen eignet sich auch für weniger geübte Reiter.

Skikjöring – mit Pferd und Skiern hinaus in den Schnee!

In den skandinavischen Ländern, also in Finnland, Norwegen und Schweden, schneit es im Winter besonders oft und viel. Von dort kommt auch die Idee des Skikjörings. Dies ist Skilaufen hinter einem gerittenen Pferd! Skikjöring kann man überall betreiben, wo Pulverschnee liegt und freies Gelände vorhanden ist. Für Anfänger reicht schon eine größere Wiese zum Üben.
Das Team bei diesem Schneesport besteht aus einem (sattelfesten) Reiter, einem Skiläufer und einem Pferd, das zug- und geländesicher sein muß. Besonders gut eignen sich Großpferde und Ponys, die vor einer Kutsche gehen, aber auch geritten werden können. Ein Skikjöring-Pferd soll ein ausgeglichenes, ruhiges Wesen besitzen und darf keine Angst vor den Schleifgeräuschen der Skier hinter sich haben. Es trägt zum Sattel- und Zaumzeug einen breiten Brust- und Halsriemen mit Zugsträngen, ähnlich wie beim Gespannfahren. An den beiden Strängen werden kräftige Seile oder Lederriemen befestigt, an deren Enden sich Schlaufen befinden. An ihnen hält sich der Skiläufer mit den Händen fest.
Geübt wird anfangs nur in ebenem Gelände und nur im Schritt! Der Reiter muß dem Skiläufer hinter sich rechtzeitig sagen, wenn er die Richtung wechseln oder anhalten will. Der Skiläufer muß besonders aufpassen, daß er nie zu nahe an das Pferd herankommt und ihm an oder zwischen die Beine fährt. Sehr wichtig sind aus diesem Grund Übungen zum Anhalten. Gräben, Hügel, Abhänge und dichter Wald sind fürs Skikjöring gefährlich und sollten deshalb gemieden werden.

An der Wippe zeigt sich besonders, wie gut das Vertrauen zwischen Pferd und Reiter ist.

Für solche Aufgaben muß man regelmäßig üben. Das Pferd muß erst daran gewöhnt werden, daß das schrägliegende Brett nach vorne wegkippt, wenn es Übergewicht bekommt. Wichtig ist auch, daß die Unterlage sicher liegt und das Wippbrett stabil ist. Es darf weder wegrollen noch brechen.

Beim Greifen nach einem Gegenstand kommt es darauf an, daß das Pferd nicht durch die einhändige Zügelführung im Maul gerissen wird, und daß es nicht wegläuft. Bei Reiterspielen sollte stets auch der Reitstil bewertet werden.

Der „klassische" Leistungssport

Im Altertum und im Mittelalter durften meist nur Adlige und Offiziere an Reiter- und Fahrerwettkämpfen, an Jagden und anspruchsvollen Reiterspielen teilnehmen. Heute steht auch der Leistungssport mit Pferden grundsätzlich jedem Reiter und jeder Reiterin offen. Voraussetzung ist jedoch fast immer die Zugehörigkeit zu einem reitsportlichen Verein. Er muß, meist über einen Landesverband, der Dachorganisation des klassischen Reisports – Dressur, Springen, Vielseitigkeit – angehören. Es gibt nationale und internationale Turnierregeln. In Deutschland ist dies die „Leistungsprüfungsordnung". Darin sind zum Beispiel die verschiedenen Leistungsklassen festgelegt: E = Einsteiger, A = Anfänger, L = Leicht, M = Mittelschwer, S = Schwer. Allerdings braucht man für die vermeintlich „leichte" Klasse bereits recht gute reiterliche Erfahrung, und auch in den untersten Klassen können völlige Reitanfänger noch lange nicht teilnehmen. Der größte Teil der Turnierreiter zählt (noch) zu den Amateuren. Einige Leistungssportarten, wie zum Beispiel der Rennsport, werden jedoch fast ausschließlich professionell betrieben. Es geht dabei um große Geldsummen, meist für die Pferdebesitzer, und nur Berufsreiter und -fahrer können an den Wettbewerben teilnehmen. Profis und hohe Preisgelder gibt es teilweise auch in anderen Sparten. Ausscheidungen werden bis zu Weltmeisterschaften ausgetragen, einigen Disziplinen steht auch die Teilnahme an den Olympischen Spielen offen. Weltweit verbreitet sind die „Klassiker"-Sparten Dressur, Springen und Vielseitigkeit.

▲ **Im Dressurviereck** ▼ **Im Parcours**

Die *Dressur*, die Grundlage des Reitens, hat sich im sportlichen Bereich zu einer eigenen Disziplin entwickelt. In der höchsten Klasse werden Lektionen bis zur Hohen Schule „auf der Erde" verlangt. Jede Lektion (Aufgabe) wird mit Notenpunkten bewertet. Es gibt inzwischen auch Kürwettbewerbe.

Beim *Springen* ist die Springbahn (der Parcours) der Weg, den die Reiter mit ihrem Pferd zurücklegen. Sie müssen dabei künstliche Hindernisse überwinden. Es gibt Hochsprünge, Hochweit- und Weitsprünge. Fehlerpunkte werden gezählt für Abwürfe oder Wasserkontakt an Gräben, für Verweigern an einem Sprung und für Zeitüberschreitungen.

Vielseitigkeitsreiten besteht aus Dressur-, Spring- und Geländeprüfungen. In den beiden ersten Abteilungen werden nicht ganz so hohe Anforderungen gestellt wie in den vergleichbaren Einzeldisziplinen. Die Geländestrecke ist unterteilt in eine Wegestrecke ohne Hindernisse, in eine Rennbahnstrecke und eine Querfeldeinstrecke. Diese ist der schwierigste und am meisten beachtete Bereich. Die Querfeldeinstrecke ist uneben und mit festen Hindernissen und Wassergräben gespickt. Diese „natürlichen" Hürden haben keine losen Oberteile, die herabfallen, wenn ein Pferd nicht hoch genug springt, wie dies im Parcours der Fall ist. Deshalb ist die Gefahr eines folgenschweren Sturzes an ihnen auch größer. Eine Kleine Vielseitigkeit dauert ein bis zwei Tage, eine Große Vielseitigkeitsprüfung (früher „Military") drei Tage.

Die Superschnellen

Galopprennen (Turf): Zugelassen sind bis auf spezielle Rennen nur Pferde der Rasse Englisches Vollblut. Sie werden in Alters-, teils auch in Geschlechtsgruppen eingeordnet. Man unterscheidet in Flachrennen und in Hindernisrennen. Bei uns werden hauptsächlich Flachrennen ausgetragen. Die Rennbahn – das Geläuf – ist eben, ovalförmig und hindernislos. Von verschiedenen Startpunkten aus können unterschiedlich lange Strecken gelaufen werden. Sie liegen zwischen etwa 1200 und 4000 Meter. Das Ziel ist immer an derselben Stelle.

Hindernisrennen gehen über längere Strecken als Flachrennen. Es gibt zwei Arten von Hindernisrennen. Hürdenrennen verlaufen auf einer flachen Bahn über leichte Busch- oder Reisighindernisse, die (in einem Rennen) alle gleich hoch sind, durchschnittlich einen Meter. Jagdrennen führen über Mauern, Gräben, Wälle und andere feste Hindernisse mit unterschiedlichen Höhen und Weiten. Sie werden „Steeplechase" genannt, was übersetzt „Kirchturmjagd" heißt. Namen und Rennen sind von Wettrennen britischer Jagdreiter abgeleitet, die von Dorf zu Dorf (von „Kirchturm zu Kirchturm") verliefen. Die Wege gingen querfeldein und waren vorgeschrieben. Bei Point-to-Points (Punkt-zu-Punkt-Rennen) konnte die Strecke frei gewählt werden.

Trabrennen werden meist mit dem Sulky gelaufen. Das ist ein leichter, zweirädriger Wagen. Der Sitz für den Fahrer besteht lediglich aus einer Schale. Die Rennen beginnen anders als Galopprennen nicht aus dem Stand, sondern aus der Fahrt heraus, die Rennstrecken haben jedoch etwa die gleichen Längen wie bei den Galoppern. Pferde, die mehrmals angaloppieren oder im Galopp bleiben, werden disqualifiziert. Trabrennen gibt es in einigen Gebieten auch auf Schnee mit Schlitten oder mit Reitern auf sogenannten Satteltrabern.

▲ Faßrennen (Barrel racing) für Westernreiter

▲ Freizeit-Galopprennen für Nichtprofis

▲ Herbstreitjagd für jugendliche Teilnehmer

▲ Polo-Wettkampf

▼ Voltigier-Wettbewerb

Vielseitige Sportbereiche

Westernreiten als Wettkampfsport mit verschiedenen Disziplinen ist längst auch in Europa nichts Unbekanntes mehr. *Pleasure* heißt Reiten in den Grundgangarten am langen Zügel. *Reining* stellt Dressur für Fortgeschrittene dar, zum Beispiel mit fliegenden Galoppwechseln, Halten aus vollem Galopp mit Gleiten auf den Hinterbeinen (Sliding stop) und schnellen Pirouetten.
Geschicklichkeitsreiten um und über verschiedene Bodenhindernisse nennt man *Trail*, um andere Hindernisse *Western riding*. Um Fässer herum nach Zeit geht es beim *Barrel racing*, ein Slalomrennen um Pfähle heißt *Pole bending*.
Beim *Distanzreiten* (Langstreckenreiten, Ausdauerreiten) werden Strecken von 20 bis zu mehr als 100 Kilometer geritten. Nicht immer siegt der Schnellste. Bei vielen Prüfungen sind auf bestimmten Strecken Geschwindigkeiten festgelegt. Minuspunkte gibt es nicht nur für den, der zu langsam reitet, sondern auch für Reiter, die schneller als vorgegeben sind. An den Kontrollpunkten wird die gerittene Zeit festgehalten. Auch müssen Pausen von bestimmter Länge eingehalten werden.
Wenn im Herbst das Jungwild herangewachsen ist und Felder und Äcker abgeerntet sind, beginnen die *Reitjagden*. In Irland und Großbritannien werden Jagden zu Pferde schon früher auf lebendes Wild veranstaltet. Bei uns sind die sogenannten Parforcejagden aber verboten. Es dürfen nur noch „sportliche“ Reitjagden durchgeführt

Einspänner beim Hindernisfahren – Geschicklichkeit und Schnelligkeit sind gefragt.

werden. Sie führen über Strecken – mit Hindernissen – bis zu etwa 30 Kilometer. Bei der Fuchsjagd ist der Fuchs ein Reiter. Wenn die „Jagd" auf ihn freigegeben ist, versuchen die „Jäger", ihm einen Fuchsschwanz von der Schulter zu reißen. Wer es schafft, ist der Tagesheld. Manchmal wird ein Fuchsschwanz zum „Greifen" an einer Leine aufgehängt.
Es gibt auch die *Schleppjagden*, bei denen Meutehunde vorauslaufen. Sie verfolgen eine künstlich angelegte Duftfährte (Schleppe). *Schnitzeljagden* werden mit einer Sichtfährte aus Papierschnitzeln oder Sägespänen durchgeführt.
An einem Wettkampf im *Voltigieren* dürfen pro Gruppe acht Voltigierer und ein Ersatzvoltigierer teilnehmen. Der Wettkampf besteht aus einem Pflichtteil mit den Grundfiguren und der Kür. Etwa 150 Einzel- und Kombinationsfiguren mit unterschiedlichen Schwierigkeitsgraden gibt es bereits. Je nach Übung turnen bis zu drei Voltigierer auf einmal auf dem und am Pferd. Im Gruppenkampf darf man längstens bis zur Volljährigkeit antreten. Danach kann man als Einzel- oder Doppelvoltigierer teilnehmen. Erst 1984 wurde in der Schweiz die erste Weltmeisterschaft für Voltigierer ausgerichtet.
Polo ist ein kampfbetontes Mannschafts-Ballspiel zu Pferde. Die Reiter versuchen, mit langen Schlägern einen kleinen Ball in das Tor des Gegners zu schlagen. Eine Mannschaft besteht aus vier Reitern, das Spiel aus sechs bis sieben Spielabschnitten (chukkers) von je sieben Minuten Dauer. Polo ist vor allem in Großbritannien, Australien und einigen südamerikanischen Ländern verbreitet. Es stammt jedoch aus Asien.
Fahrsport-Wettbewerbe werden ausgetragen für Ein-, Zwei-, Vier- und Mehrspänner. Dabei werden Geschicklichkeit und Ausdauer der Pferde und die Einwirkung des Fahrers geprüft. Man unterscheidet Dressur-, Distanz- und Hindernisfahren. Bei Gespannkontrollen wird auch das Gefährt bewertet.

Kleines Quiz für Pferdekenner
über Spiele und Sport mit Pferden
(Auflösung auf Seite 144)

1. Was gehört zur Hohen Schule?
   a) Galopprennen
   b) Übungen auf der Erde
   c) Springen

2. Was versteht man unter „Trekking"?
   a) Ersatzhufeisen
   b) Wanderreiten
   c) Training für langes Reiten im Schritt

3. Was ist ein Sulky?
   a) Bezeichnung für eine Rennbahn
   b) eine der Prüfungen beim Vielseitigkeitsreiten
   c) ein zweirädriger Wagen für das Trabrennen

4. Ein Trail ist …
   a) … eine Reitjagd
   b) … Geschicklichkeitsreiten um und über Hindernisse
   c) … Langstreckenreiten

5. Was versteht man unter Distanzreiten?
   a) eine Military
   b) Langstrecken-Wettbewerbe
   c) Hindernisrennen

6. Mit „Polo" bezeichnet man …
   a) … eine Figur beim Voltigieren
   b) … ein Mannschafts-Ballspiel zu Pferd
   c) … einen Fahrsport-Wettbewerb

Pferdekinder, Pferdeeltern

Bereits kurz nach seiner Geburt beginnt ein Fohlen zu laufen.
In den ersten Tagen wird es mit der Milch
seiner Mutter ernährt, bevor es zusätzliches Futter erhält.

In Zuchtbetrieben werden die Stuten in einen „Probierstand" gestellt und ein Hengst von außen herangeführt. Zeigt sich der Hengst „interessiert" und läßt die Stute sich die Annäherungsversuche des Hengstes gefallen, gilt sie als paarungsbereit.

Auf Hengstparaden (siehe übernächste Seite) werden die Zuchthengste eines Gestüts präsentiert. Hier ein „Aktionstraber", den ein Reiter von einem galoppierenden Pferd aus lenkt.

Ein Fohlen wird gezeugt

Ruhig grast die kleine Herde vor sich hin. Nur ab und zu hebt eines der Pferde den Kopf und schaut zu den beiden Artgenossen hinüber, die sich nicht für das saftige Grün interessieren. Eine der Stuten wird vom Hengst der Herde heftig umworben. Immer wieder umkreist er sie, zwickt sie in die Schulter und die Flanke und beriecht sie intensiv an der Scheide. Er hebt den Kopf und saugt mit halbgeschlossenen Nüstern den besonderen Duft, den die Stute ausströmt, ein. Sie ist in der stärksten Phase ihrer Paarungsbereitschaft. Mit leicht gespreizten Hinterbeinen und angehobenem Schweif läßt sie sich das Werben des Hengstes gefallen und sondert dabei eine dickliche Flüssigkeit ab, den Brunstschleim. Noch vor ein paar Tagen hat sie jeden Annäherungsversuch abgewehrt, hat mit den Hinterbeinen nach dem Hengst geschlagen und wütend gequiekt. Schließlich springt der Hengst von hinten auf die Stute auf und paart sich mit ihr.
Geschlechtsreife Hengste sind ständig paarungsfähig. Stuten kommen nur in Abständen von etwa drei Wochen für kurze Zeit in Paarungsstimmung, oft nur im Frühjahr und Frühsommer. Die Zeit der Paarungsbereitschaft heißt allgemein Brunst, bei Pferden nennt man sie Rosse. Außerhalb der Rosse kann eine Stute kein Fohlen empfangen.
Urwildpferde, die man noch aus der Wildnis fing, wurden erst mit etwa vier Jahren geschlechtsreif. Bei ihren Nachkömmlingen in Tierparks und bei Rassen, die überwiegend im Freien gehalten werden, beginnt die Geschlechtsreife bereits im Alter von zwei bis drei Jahren. Man nennt sie dennoch „spätreif". Das trifft auch auf einige urtümliche Ponyrassen zu. Hauspferde erreichen dieses Entwicklungsstadium schon mit etwa 15 bis 18 Monaten. Dieses frühe Eintreten der Geschlechtsreife ist ein typisches Zeichen der Domestikation. Hauspferde sollten sich jedoch frühestens im Alter von etwa drei Jahren fortpflanzen, obwohl sie auch dann noch nicht völlig ausgereift sind. Wenn die Elterntiere zu jung sind, werden die Fohlen meist schwächlich und bleiben oft nicht lange am Leben.

Das „dritte" Geschlecht

Viele männliche Pferde zeigen keinerlei Interesse, wenn eine Stute in ihrer Umgebung rossig wird. Dies sind Hengste, die man durch eine Operation kastriert hat, weil man sie nicht für die Zucht verwenden will. Bei dem Eingriff werden die Hoden entfernt. Die Kastration wird im allgemeinen vorgenommen, wenn das Pferd eineinhalb bis zwei Jahre alt ist. Ein kastrierter Hengst wird Wallach genannt. Er könnte sich zwar noch mit einer Stute paaren, hat aber keinen Sexualtrieb und deshalb auch kein typisches Hengstverhalten mehr und kann keine Fohlen zeugen. Wallache kann man deshalb problemlos zusammen mit Stuten halten.

Vom Züchten

Bei wildlebenden Pferden stammen alle Fohlen einer Familie vom Leithengst. Die meisten Fohlen von Hauspferden sind dagegen gezüchtet. Ihre Eltern wurden nach bestimmten Körper- und Wesensmerkmalen ausgewählt und zur Paarung zusammengebracht. Dies nennt man Zucht. Das „Zuchtziel" ist meist eine bestimmte Rasse.

Nur rassereine, eingetragene und gesunde Hengste dürfen bei uns zur Zucht genommen werden. (Bei den Stuten ist man großzügiger.) Bevor sie eingesetzt werden, müssen sie einen Leistungstest ablegen. Bis 1989 wurden die Hengste danach noch von einer staatlichen Körkommission (kören = zur Zucht zulassen) geprüft, doch nicht jedes Tier wurde auch als Zuchthengst anerkannt. Nun erhält ohne Ausnahme jeder leistungsgeprüfte Hengst eine Zuchtbescheinigung des Zuchtverbandes. Es wird jedoch in verschiedene Wertklassen unterschieden. Einen Zuchthengst nennt man auch Deckhengst (von decken = paaren, begatten) oder Beschäler (vom althochdeutschen Wort scelo = Deckhengst).

Der Halter eines Zuchthengstes kann für die Bedeckung vom Stutenbesitzer ein Entgelt beanspruchen, das Deckgeld. Die Spanne für diese Decktaxe reicht von wenigen hundert bis zu mehreren zehntausend Mark, je nachdem, welchen Wert man dem Hengst zumißt.

Die Decksaison liegt in den Monaten März bis Mai. Fast immer werden die rossigen Stuten zu den Hengsten gebracht. Große, meist staatliche Gestüte haben aufs ganze Zuchtgebiet verteilt Deckstationen eingerichtet, auf denen ein Teil der Zuchthengste während der Decksaison untergebracht wird. So brauchen viele Stutenbesitzer keine übermäßig lange Anreise mit ihren Tieren unternehmen. Manche Zuchttiere werden bis ins hohe Alter als Beschäler oder Mutterstute eingesetzt.

Ein privater Zuchtbetrieb mit mindestens vier Zuchtstuten darf sich Gestüt nennen, gleichgültig, ob ein Hengst vorhanden ist oder nicht. Fast alle deutschen Bundesländer besitzen landeseigene Hengsthaltungen, die sogenannten Landgestüte. Die Hengste stammen von privaten Züchtern und werden solchen auch wieder zur Verfügung gestellt.

Einige Landgestüte heißen zusätzlich Hauptgestüt. Auf ihnen wird auch mit eigenen Stuten gezüchtet. Staats- oder Nationalgestüte (in Staaten ohne Bundesländer) sind im Besitz des Gesamtstaates.

Ein Zuchtverband ist ein staatlich vorgeschriebener und anerkannter Zusammenschluß der

Junge Araber-Zuchtstuten mit einem Hals-„Brand". Die Kennzeichnung wurde durch einen Froststempel „aufgefroren".

Der Abstammungsnachweis eines Araberpferdes in arabisch. Solche Papiere sind wichtige Dokumente.

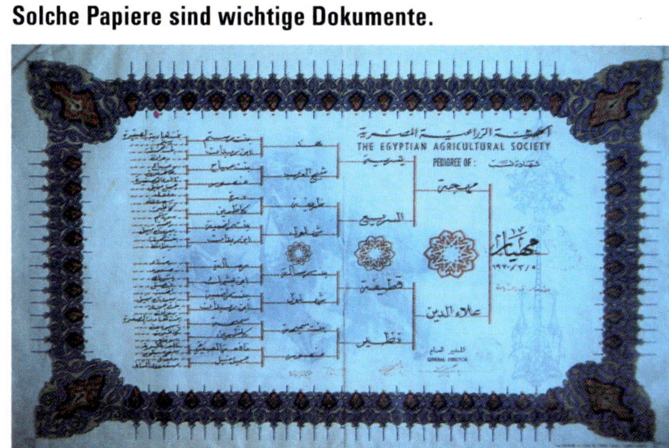

Züchter einer Rasse. Er muß unter anderem einen „Zuchtstandard“ herausgeben. Das ist eine genaue Beschreibung, wie Pferde der betreffenden Rasse aussehen (sollen). Außerdem muß der Verband Zuchtbücher (Stutbücher) führen. Das sind Register, in die alle zuchtfähigen Pferde der betreffenden Rasse eingetragen werden. Für Fohlen von eingetragenen Eltern erhält der Züchter einen Abstammungsnachweis (früher Fohlenschein) mit bis zu 30 Vorfahren. Er berechtigt zur späteren Eintragung ins Zuchtbuch.
Für andere Pferde gibt es eine Geburtsbescheinigung ohne Auflistung der Vorfahren. In Deutschland wurden solche Register meist zuerst von den Landgestüten als Gestütsbücher angelegt. So kann man bei älteren Rassen die Abstammung eines Pferdes über mehrere Jahrhunderte hinweg zurückverfolgen. Als reinrassig gilt aber bereits ein Pferd, das mindestens zwei komplette Generationen an eingetragenen Vorfahren nachweisen kann, also die Eltern und beide Großelternpaare.
Schon seit langem werden jeweils im Herbst den Züchtern die jungen Hengste vorgestellt, die vom darauffolgenden Jahr an ebenfalls zur Zucht genommen werden können. Diese Fachveranstaltungen – Hengstschauen oder Hengstparaden genannt – werden immer mehr mit attraktiven Schaunummern aufgelockert und sind längst auch bei Pferdefreunden, die selbst nicht züchten, sehr beliebt. Dagegen sind Stutenschauen, bei denen Zuchtstuten vorgestellt und bewertet werden, selten einem größeren Publikum bekannt.

Tragzeit und Geburt

Wenn eine Stute ein Fohlen erwartet, hat sie „aufgenommen“, das heißt, sie ist trächtig oder tragend. Durchschnittlich 333 Tage dauert die Trächtigkeit (Tragzeit) vom Beginn der Bedekkung bei Pferden. Aber nicht jede Stute nimmt beim Deckakt auf. Sie ist dann „güst“, das bedeutet „unbefruchtet“. Tragende Stuten werden oft ruhiger und zurückhaltender, als man sie sonst kennt, und bekommen zusehends einen größeren

Hengstparaden

Jedes Jahr im Herbst zieht es Tausende von Pferdefreunden zu den Hengstparaden der staatlichen deutschen Gestüte in Celle, Dillenburg, Marbach, Moritzburg, Neustadt/Dosse, Redefin, Schwaiganger und Warendorf. Dort werden vorwiegend in den Monaten September und Oktober den Züchtern die Zuchthengste der jeweiligen Gestüte vorgestellt. Anfangs fanden die Pferdeschauen deshalb auch immer im Frühjahr statt, kurz vor der Decksaison, zu der die Hengste auf verschiedene Deckstationen verteilt werden. Daraus haben sich publikumswirksame Herbstschauen entwickelt. Die Hengste aller zur Verfügung stehenden Rassen werden unter dem Sattel oder in verschiedenen Anspannungen vorgeführt. Hohe Schule an der Hand wird ebenso gezeigt wie Reifenspringen, Ungarische Post und andere akrobatische Einlagen, Kutschen werden von bis zu 16 (!) Hengsten gezogen. Eine beliebte Schaunummer ist auch die tandemartige „Fahrschule vom Sattel aus“; dabei lenkt ein Reiter von seinem Pferd aus über lange Zügel ein weiteres Pferd im Trab vor sich her.
Ähnlich attraktiv sind die „Aktionstraber“: Neben einem gerittenen, galoppierenden Pferd läuft ein zweites Pferd im weit ausholenden Trab. Gehorsamsdarbietungen mit Hengsten, die sich flach auf den Boden legen, wechseln sich mit schnellen Kampfwagenszenen ab, Langholzgespanne folgen auf Spring- oder Dressurquadrillen. Und auf den Hauptgestüten, auf denen auch Stuten gehalten werden, läßt man die Pferdemütter samt ihren Fohlen frei über den großen Vorführplatz laufen.

Tragende Stuten auf der Winterweide

Pferdemutter „auf der Hut"

Appetit. Sie brauchen täglichen Weidegang und können auch bis in den zehnten Monat hinein leicht geritten werden. Durch Überanstrengung, aber auch durch eine Erkrankung oder einen Unfall kann es zum „Verfohlen" kommen. Das ist eine Fehl- oder Totgeburt. Viele Zuchtstuten, zum Beispiel in Wildgestüten, werden überhaupt nie geritten und verbringen ihr ganzes Leben im Freien.

Wenn das „Harz", das sind zähflüssige, gelbliche Tropfen, an den Euterzitzen einer hochträchtigen Stute erscheint, läßt das Fohlen meist nur noch wenige Stunden oder Tage auf sich warten. Direkt vor der Geburt beginnt die Stute unruhig hin- und herzugehen, sie schwitzt und zittert, legt sich mehrere Male hin und steht wieder auf. Schließlich bleibt sie stöhnend liegen, weil starke Wehen einsetzen. Vielleicht platzt jetzt bereits der Fruchtsack, und Fruchtwasser tritt aus. Schon bald erscheinen dann die Vorderbeine und der Kopf des Fohlens, und nach mehrmaligem Pressen ist es innerhalb weniger Minuten geboren. Es strampelt sich aus dem weißlichen Fruchtsack (der Fruchtblase, Eihaut) und macht seine ersten eigenen Atemzüge. Nur kurze Zeit bleiben Mutter und Kind liegen, um sich von der Anstrengung zu erholen. Leise wiehern sie sich zu, das erste „Kennenlernen" außerhalb des Mutterleibes. Dann erhebt sich die Stute, wobei meist die Nabelschnur abreißt. Sie beriecht ihr Fohlen und beleckt es dann, damit es ihren Geruch annimmt, an dem sie es später auch zwischen anderen Fohlen jederzeit wiedererkennen wird. Gleichzeitig wird dadurch der Kreislauf des Kleinen angeregt.

Das Fohlen macht schon in der ersten Stunde seines Lebens „draußen" Aufstehversuche, denn im Freileben müssen neugeborene Pferdekinder nach kurzer Zeit neben ihrer Mutter herlaufen können. Sie sind sogenannte Nestflüchter. Ihre Augen sind sofort nach der Geburt geöffnet und sehfähig, wenn auch anfangs nur eingeschränkt. (Nesthocker unter den Säugetieren, wie Wolfs- und Katzenjungen, werden blind geboren und können erst nach zwei bis drei Wochen richtig sehen und laufen.) Deshalb dauert es nicht lange, bis ein gesundes, neugeborenes Fohlen, wenn auch noch wackelig, auf seinen langen Beinchen steht und nach dem Euter der Mutter sucht, um Milch zu trinken.

Lebenswichtige Milch

Die Milch, die eine Stute in den ersten 24 Stunden nach der Geburt produziert, nennt man Erst-, Biest- oder Kolostralmilch. Sie ist besonders wertvoll, denn sie enthält wichtige Stoffe (Antikörper) gegen bestimmte Krankheiten, die das Fohlen selbst noch nicht in sich trägt. Außerdem führt sie das Darmpech ab. Das ist Kot, der sich aus der Nahrung des ungeborenen Fohlens gebildet hat. Wenn er nicht ausgeschieden wird, kann das Fohlen daran sterben.

In den ersten Lebenstagen besteht das Leben eines Fohlens fast nur aus Schlafen und Trinken,

Mit Mutter „um die Wette rennen"

tags wie nachts. Fünf- bis sechsmal in einer Stunde, manchmal auch noch öfter, sucht das Pferdekind das Euter seiner Mutter auf, hüpft dann vielleicht ein paar Mal um sie herum und legt sich wieder für kurze Zeit hin.

Schon nach wenigen Tagen beginnen viele Fohlen auch feste Nahrung auszuprobieren. Sie zupfen ein paar Heuhalme oder kauen auf den Haferkörnern herum, die für ihre Mutter bestimmt sind.

Wenn sie zu grasen versuchen, sind ihnen meist ihre eigenen staksigen Beine im Weg. Aber allmählich kommen sie mit der Aufnahme von fester Nahrung immer besser zurecht (auch deshalb, weil sich das Milchgebiß vervollständigt). So können sie den wachsenden Energiebedarf gut decken, denn Fohlen wachsen in den ersten Lebensmonaten besonders schnell. Der Milchkonsum verringert sich, hört aber noch lange nicht auf.

Im Freileben dürfen Fohlen bis etwa einen Monat vor der Geburt eines neuen Geschwisters die Milch ihrer Mutter trinken. Wenn kein neuer Nachwuchs unterwegs ist, hat die Stute manchmal trotzdem bis zu eineinhalb Jahren Milch.

Züchter trennen jedoch die Fohlen von ihren Müttern bereits mit einem halben Jahr, manche sogar schon mit vier Monaten. Man nennt dies

Fohlen brauchen Altersgenossen zum Spielen und Tummeln – vielleicht auch zum „Gedankenaustausch"?

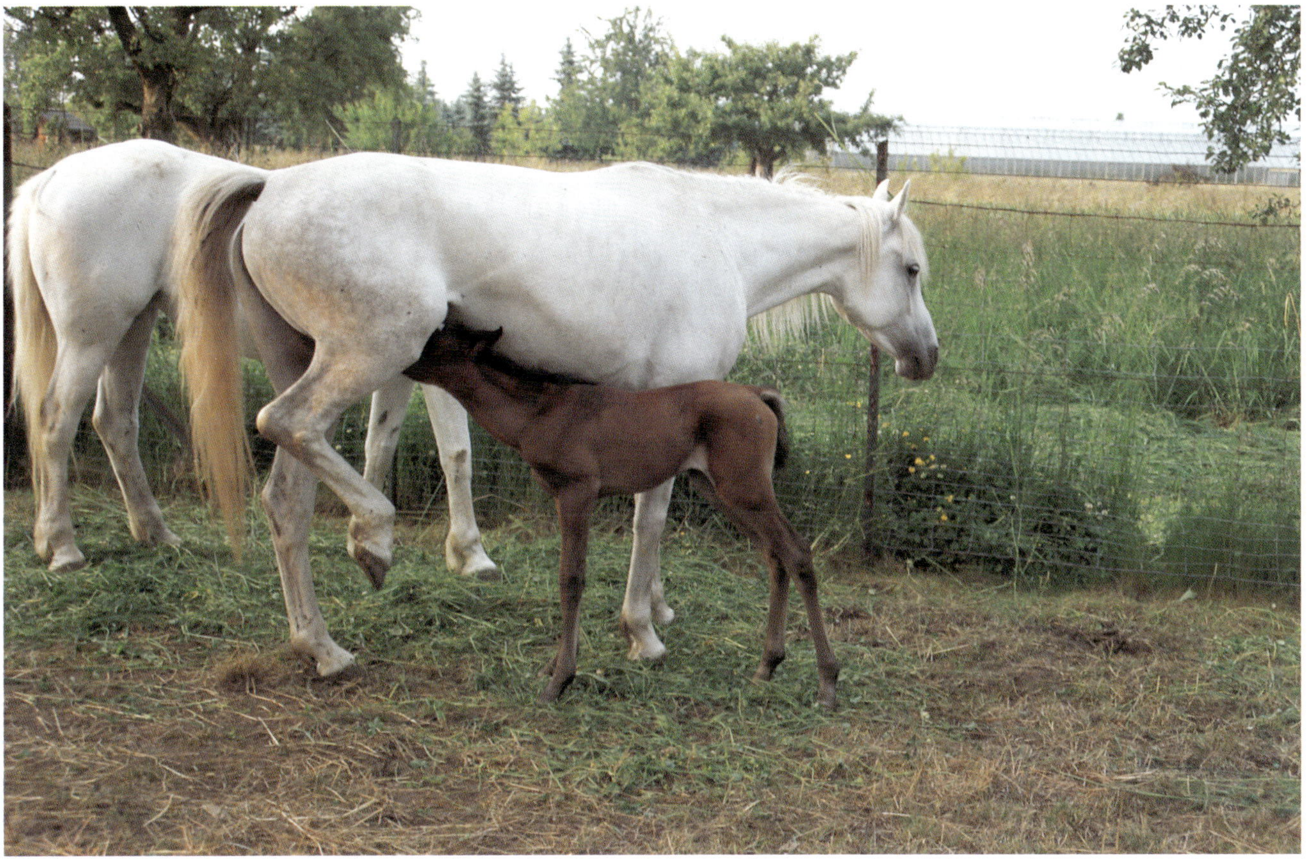

In den ersten Tagen nach der Geburt ist Muttermilch für das Fohlen die einzige Nahrung.

Absetzen. Durch das abrupte Absetzen müssen sich die Fohlen von einem Tag auf den anderen auf reine Pflanzennahrung umstellen. Außerdem leidet ihr Gemüt unter der unnatürlich frühen Trennung. Am schlimmsten aber ist es, wenn sie allein bleiben müssen. Für Fohlen ist es besonders wichtig, daß sie in einer Herde aufwachsen. Meist bringt man sie mit anderen gleichaltrigen Fohlen in sogenannten Aufzuchtgruppen zusammen. Erwachsene Pferde allein sind nicht die geeigneten Spielgefährten für sie.

Nachwuchs fast ein Leben lang

Die meisten Fohlen werden im späten Frühjahr und im Frühsommer geboren. So wachsen sie in der wärmeren, wachstumsfördernden Jahreszeit heran.

Etwa acht bis zehn Tage nach der Geburt stellt sich bei Mutterstuten die sogenannte Fohlenrosse ein. Sie können dann bereits wieder belegt werden. Manche Züchter warten aber auch bis zur nächsten Rosse. Viele Zuchtstuten bekommen über Jahre hinweg jedes Jahr ein Fohlen, manche noch im Alter von über 20 Jahren. Doch nie ermüdet ihr Brutpflegetrieb, das ist der Instinkt, ihr Junges zu säugen und vor Herdengenossen, Fremden und natürlich vor Feinden zu schützen. Eine Stute, die ein Fohlen führt, kann sehr aggressiv werden, wenn man sich ihm nähert. Sie setzt dann ihre „Waffen“ – Zähne und Hufe – ein. Deshalb dürfen besonders in den ersten Wochen nach der Geburt meist nur Menschen, die mit einer Stute sehr vertraut sind, mit ihr und dem Fohlen umgehen.

Selten bringt eine Stute mehr als ein Fohlen gleichzeitig zur Welt. Pferde sind nicht auf Mehrlingsgeburten eingerichtet. Zwillingsfohlen sind deshalb kaum überlebensfähig. Wenn beide am Leben bleiben und zu kräftigen Pferden heranwachsen, ist dies ein seltener Glücksfall.

Kleines Quiz für Pferdekenner
über Fortpflanzung und Nachwuchs der Pferde
(Auflösung auf Seite 144)

1. Mit welchem Alter werden Hauspferde geschlechtsreif?
   a) mit 15 bis 18 Monaten
   b) mit 3 Jahren
   c) mit 5 Jahren

2. Wie lange trägt eine Stute durchschnittlich?
   a) 6 Monate
   b) 2 Jahre
   c) 333 Tage

3. Wann lernt ein Fohlen das Laufen?
   a) im Alter von einigen Tagen
   b) nach der Geburt
   c) mit 4 Wochen

4. Was versteht man unter „Biestmilch“?
   a) die erste Milch der Stute nach der Geburt
   b) Trockenmilch für mutterlose Fohlen
   c) Milch von Ammenstuten

5. Was ist gemeint, wenn eine Stute „güst“ ist?
   a) eine Stute hat beim Deckakt aufgenommen
   b) eine Stute hat beim Deckakt nicht aufgenommen
   c) eine Stute erleidet eine Fehlgeburt

6. Was versteht man unter „Harz“?
   a) Tropfen an den Euterzitzen einer Stute kurz vor dem Fohlen
   b) Stutenmilch
   c) den Darminhalt neugeborener Fohlen

Vom Urpferdchen zum Hauspferd

Das erste Urpferd war nicht größer als ein Rehkitz!
Erst im Lauf der Jahrtausende hat sich unser Hauspferd entwickelt.
Es ist verwandt mit Esel und Zebra.

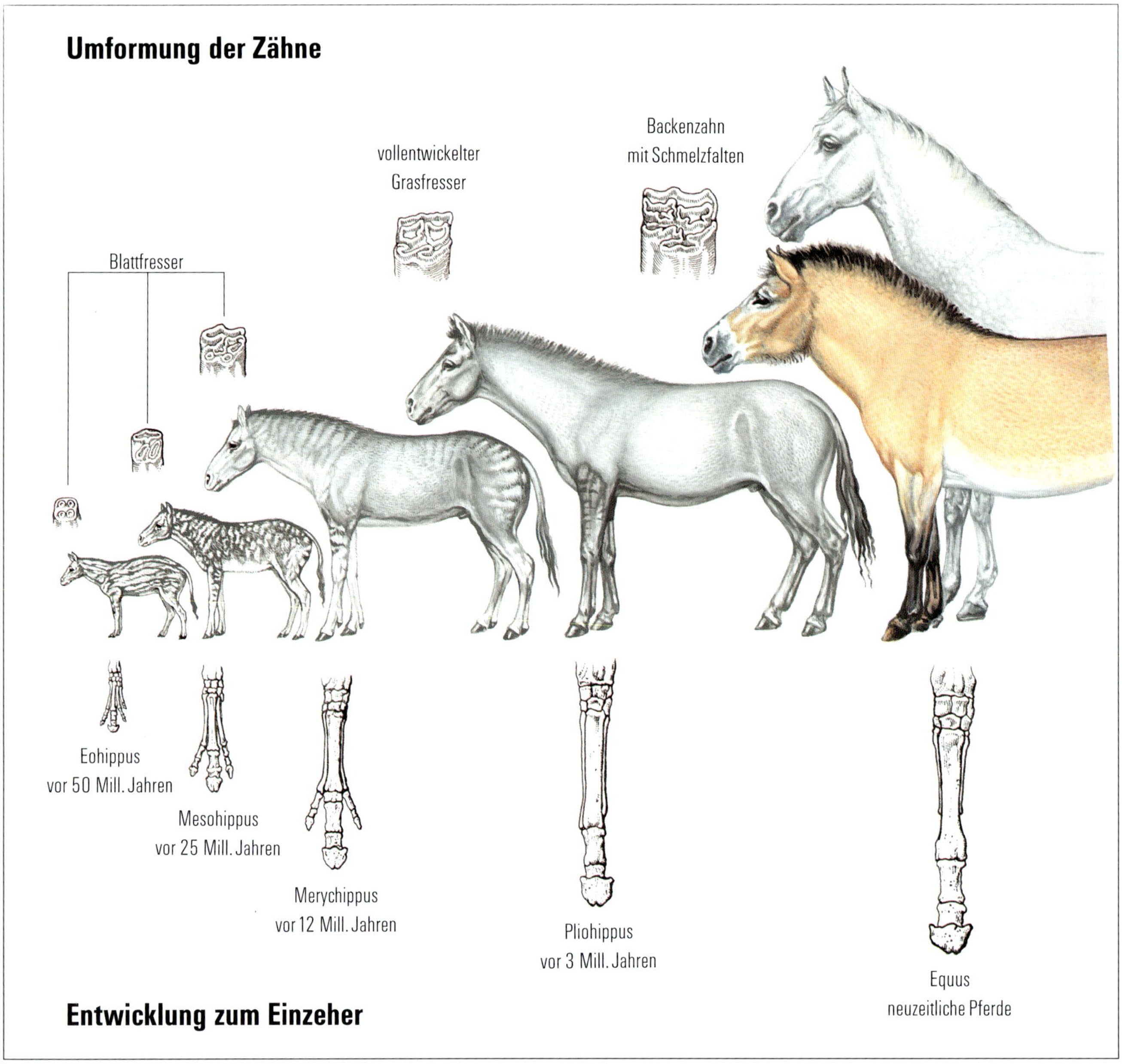

60 Millionen Jahre im Zeitraffer

Ein neuer Tag bricht an. Warm und feucht liegt die Luft über dem kleinen See, der von Urwald umschlossen wird. Eine Herde zierlicher Tiere bewegt sich langsam zwischen subtropischen Laubbäumen, Zypressen und Sumpfgebüsch auf sein Ufer zu. Eines der erwachsenen Tiere bleibt stehen und sichert. Es ist nicht größer als ein Rehkitz. Sein Kopf ist länglich-schmal, der Rücken ist leicht gekrümmt und endet in einen dünnen, behaarten Schwanz. Das mittelbraune Fell hat dunkle Streifen, die das Tier gut im Zwielicht tarnen. Seine Artgenossen pflücken mit den langen Oberlippen weiche Blätter von tiefhängenden Ästen, saftige Pflanzensprossen, Kräuter und Beeren. Ein winziges Junges trinkt am Euter seiner Mutter.

Beim Gehen setzen die kleinen Tiere nur die Zehen auf. Jeweils vier sind es an den Vorderbeinen und drei an den Hinterbeinen. Sie enden in einer runden Hornschicht. Beim Aufsetzen spreizen sie sich und verhindern dadurch ein tieferes Einsinken in den weichen, moosigen Untergrund.

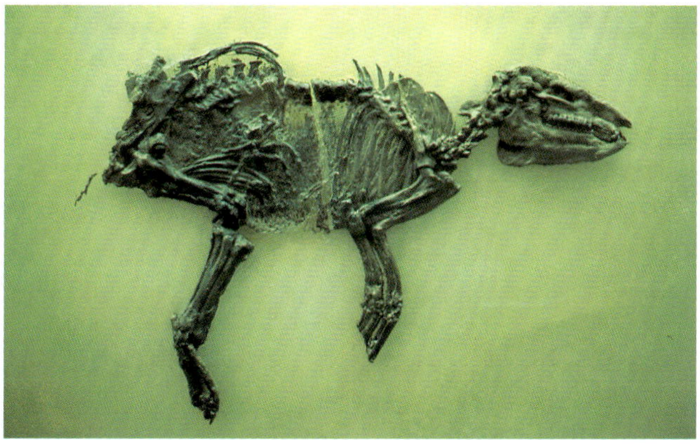

Dieses Skelett eines Urpferdchens aus dem Messeler Schiefer ist etwa 50 Millionen Jahre alt.

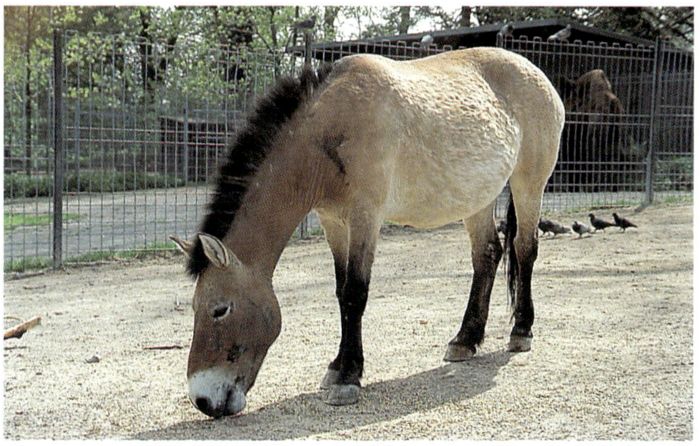

Das einzige noch lebende echte Wildpferd ist das Przewalski- oder Mongolische Wildpferd.

Zwei der Tiere beginnen am flachen Ufer Wasser zu trinken. Da schiebt sich fast lautlos ein meterlanges Krokodil heran. Gerade noch rechtzeitig entdeckt der Anführer der kleinen Huftiere den gefährlichen Feind und stößt einen Warnruf aus. Blitzschnell flüchtet die kleine Herde vom Ufer weg und ist gleich darauf im Dschungeldickicht verschwunden.

Solche Tiere lebten vor 60 bis 40 Millionen Jahren, im Eozän (vom griechischen Wort éos = Morgenröte), dem zweiten Abschnitt des Erdzeitalters Tertiär, in den Gebieten des heutigen Europa und Nordamerika. Sie waren die Vorfahren unserer Pferde und werden von den Wissenschaftlern als „Eohippus", das heißt „Pferdchen der Morgenröte", bezeichnet. Es gab, gleichzeitig und nacheinander, verschiedene Arten kleiner Urpferde. Sie hatten sich aus noch urtümlicheren Säugetieren entwickelt. In Europa starben sie allerdings aus.

Auf dem nordamerikanischen Kontinent ging die Entwicklung langsam, aber unaufhaltsam weiter. Das Klima wurde kühler und trockener, die Wälder gingen zurück. Die Urpferde wechselten allmählich ins Busch- und Grasland, das sich immer weiter ausdehnte, vermutlich weil es dort mehr Platz und Nahrung gab. Sie wurden größer und muskulöser, und auf dem festen Boden benutzten sie immer mehr nur die mittlere beziehungsweise die kräftigste Zehe. Daraus bildete sich schließlich ein Huf, in dem die verbliebene Laufzehe gut geschützt ist.

Im letzten Tertiärabschnitt, dem Pliozän, der vor zirka 10 Millionen Jahren begann, gab es in Nordamerika bereits den ersten richtigen Einhufer. Man nennt diese Pferdeform „Pliohippus". Pliohippus lebte auf ausgedehnten Busch- und Grassteppen in großen Herden, zumeist in Gesellschaft von anderen Huftieren. Er wurde bis über einen Meter groß und lief nur noch auf der Spitze der Hauptzehe, die von einer starken Schutzschicht aus Horn umgeben war. Die äußeren Zehen waren bis auf knöcherne Reste verkümmert.

Auch das Gebiß hatte sich verändert. Die Zähne von Pliohippus waren nicht mehr klein und spitz wie beim laubfressenden Urwaldschlüpfer, sondern hatten hohe, scharf abgekantete Kronen, mit denen er außer Laub auch harte Gräser, Zweige, Rinden und Wurzeln äsen konnte. Pliohippus ist die unmittelbare Ausgangsform für die heutigen Pferde und ihre Verwandten.

Woher wir dieses Wissen haben? Zahlreiche Knochenfunde in vielen Erdschichten Amerikas und Europas ermöglichten es den Forschern, die Entwicklungsgeschichte der Pferde fast lückenlos zu klären.

Eiszeitwanderungen und Urtypen

Immer wieder waren Vorläufer der Pferde über die damals noch bestehenden Landbrücken nach Eurasien ausgewandert, hatten aber nie lange überlebt. Zu Beginn der Eiszeiten und damit des Quartärs (Jetztzeit) vor etwa 2 Millionen Jahren machten sich wiederum Pferdeahnen auf die Wanderschaft. (Erst für diesen Zeitraum sind die ersten Menschen nachgewiesen.) Im Verlauf von vielen hunderttausend Jahren gelangten unzählige Tiere auf langen Wanderungen nach Asien und Afrika. Dort entstand mit der Zeit in den wärmeren bis heißen südlichen Zonen der „Südpferdetyp“. Diese Pferde sind feingliedrig und fein behaart. Sie besitzen keine Fettschicht unter der dünnen Haut, und manche Knochen, Muskeln, Adern und Sehnen sind deutlich zu erkennen. Südpferde sind vermutlich auch die Vorfahren der Esel und der Zebras.

Im immer kühler werdenden Nordamerika bekamen die Urpferde dagegen einen kräftigen, gedrungenen Körperbau, bildeten viel Fettgewebe unter der Haut und ein dichtes Fell. Auch von ihnen wanderten schließlich große Herden in die nördlichen und mittleren Regionen Asiens und Europas ab. Dieser „Nordtyp“ spaltete sich allmählich in verschiedene Unterarten auf. Manche Pferde blieben in den weiten Steppen Asiens, andere wanderten in die nördlichen Tundren weiter, in bewaldete Gegenden oder in Moorgebiete. Aber während die Pferde in Eurasien über alle Eiszeiten hinweg überlebten, waren sie in Amerika am Ende der letzten Eiszeit, vor rund 10 000 Jahren, verschwunden. Der Grund dafür ist unbekannt.

Nur eine einzige Wildpferdunterart hat es auch in Eurasien geschafft, bis fast in unsere Zeiten in der Wildnis zu überleben. Man nennt sie das Mongolische Wildpferd, Urwildpferd oder Przewalski-Pferd (sprich: Pschewalski), nach dem russischen General und Entdeckungsreisenden Nikolai Michailowitsch Przewalski. Er ging im 19. Jahrhundert Berichten über wilde Pferde in der Mongolei nach. Tatsächlich bekam er einige kleine Herden zu sehen und beschrieb die Tiere als erster ziemlich genau. Doch die Pferde wurden gejagt und in freier Wildbahn beinahe ausgerottet.

Anfang des 20. Jahrhunderts bekam der Hamburger Tierhändler und Zoobesitzer Carl Hagenbeck einige lebende Przewalski-Pferde. Mit ihnen

wurde die Weiterzucht dieser Wildpferderasse in zoologischen Gärten begründet. Heute leben weltweit in den Tierparks rund 1000 Nachkommen des mongolischen Urwildpferdes. In den mongolischen Steppen jedoch sucht man schon seit Jahrzehnten vergeblich nach ihm.

Haustier mit Verspätung

Ein Heimatforscher von der Ostalb sorgte im Jahr 1931 für eine Sensation. Er stieß auf einer

Bergkuppe auf den verschütteten Eingang einer Höhle. Wissenschaftler entdeckten im Bodenschutt der Höhle zehn Figürchen aus Mammutelfenbein. Sie sind nur wenige Zentimeter groß, aber mindestens 30 000 Jahre alt – älter als alle Tiervollplastiken, die bisher gefunden worden waren. Neben Mammut und Bär gibt es darunter auch ein Pferd. Diese bräunlichgelbe Schnitzarbeit ist als das „Wildpferdchen aus der Vogelherdhöhle im Lonetal“ weltberühmt geworden. Sie wurde von einem Künstler angefertigt, der zur Steppenjägerkultur der Jungaltsteinzeit gehörte.

Auch auf vielen Fels- und Höhlenzeichnungen in Europa, Asien und Nordafrika sind Pferde dargestellt. Sie waren eine wichtige Jagdbeute für unzählige Generationen. Sicher gestaltete sich die Jagd mit Steinen, Keulen oder Pfeilen auf die schnellen Vierbeiner nicht einfach. In einigen Gegenden trieben die Jäger sie deshalb, vermutlich mit Feuerfackeln und viel Gelärm, über Steilwände. So hat man bei dem Dorf Solutré in Frankreich (in der Umgebung von Lyon) eine „Knochenhalde“ von zehntausenden Pferden gefunden.

Erst vor vielleicht 6000 Jahren gingen Menschen dazu über, Pferde zu zähmen. Schafe, Rinder und Ziegen sowie der Wolf waren schon einige tausend Jahre zuvor zu Haustieren geworden. Sehr wahrscheinlich unternahmen Hirtenvölker in den Steppen Osteuropas und Asiens die ersten erfolgreichen Versuche, Pferde lebend einzufangen und mit sich zu führen. Als die Pferde sich in Gefangenschaft vermehrten und nicht mehr bei jeder Annäherung zu flüchten versuchten, war der erste Schritt vom Wildtier zum Haustier getan.

Die ersten Pferdebesitzer verwerteten anfangs wohl nur das Fleisch der Pferde, ihr Fell und ihre Knochen. Allmählich erkannten die Menschen, daß man diese kräftigen, schnellen Tiere auch anderweitig verwenden konnte, wenn man es richtig anstellte. Es wurden Zäumungen entwikkelt, mit denen man die Pferde führen konnte. Von nun an mußten die Pferde Lasten ziehen und tragen. Die Menschen bauten ihnen Ställe, fütterten sie und betreuten sie bei Krankheiten. Man begann mit der Zucht, und mit der Zeit wurden auch Pferde aus verschiedenen Gebieten zusammengebracht. So entstanden Rassen, die es in der Wildnis nicht gab. Das Pferd war endgültig zum Haustier geworden.

Deutschlands einzig erhaltenes Wildgestüt liegt bei Dülmen in Westfalen im Merfelder Bruch.

In der Wildnis, in der Wildbahn

Jahrtausendelang lebten noch viele Pferde unabhängig vom Menschen in freier Wildbahn. Sie wurden aber weiterhin gejagt und schließlich in vielen Gebieten ausgerottet. Seit einigen Jahrzehnten gibt es überhaupt keine ursprünglichen Wildpferde mehr, die nie in Menschenhand waren und und deren Vorfahren sich auch nie mit Hauspferden vermischt haben. Dennoch kann man in einigen Teilen der Erde wildlebende Pferde antreffen. Es sind stets die Nachkommen von entlaufenen oder zurückgelassenen Hauspferden.

Am bekanntesten ist der nordamerikanische Wildling, der Mustang. Aber auch in Mittel- und Südamerika bis hinunter nach Feuerland kommen noch wildlebende Pferde vor, Cimarrones genannt. Ihre Vorfahren gelangten vom 15. Jahrhundert nach Christus an mit den weißen Eroberern und Siedlern auf den amerikanischen Kontinent. Sie waren die ersten Pferde dort seit der letzten Eiszeit! Aber nur die Robustesten unter ihnen kamen überhaupt an. Auf den Seglern, die monatelang auf dem Atlantik unterwegs waren, überlebten viele Pferde die Strapazen der Überfahrt wie Hitze und Unwetter, Bewegungs-, Futter- und Wassermangel nicht.

Auch nach Australien und Neuseeland, wo es diese Tiere noch nie gegeben hatte, nahmen die europäischen Siedler Pferde mit. Wildlebende Nachkommen von ihnen nennt man „Brumbys".

Auf einigen Inseln in der Südsee und vor Indien haben sich ebenfalls Pferdewildlinge erhalten, deren Vorfahren als Einwanderer- oder Soldatenpferde aus Europa kamen. Diese „unechten" Wildpferde sind völlig auf sich gestellt. Dennoch werden sie nicht in Ruhe gelassen. Man fängt sie, um sie zu zähmen, obwohl es genügend Zuchtpferde gibt. Oft werden sie verfolgt und getötet, weil sie sich stark vermehren und angeblich den Weidehaustieren das Gras wegfressen. So wurde der Mustang auf wenige Reservate zurückgedrängt, in denen er geschützt ist.

Sogenannte Wildpferde gibt es auch in Europa. Es handelt sich um robuste Pferde, die für die Zucht verwendet werden. Sie leben halbwild, das heißt teils unabhängig, teils beeinflußt vom Menschen in einem weiträumigen Gebiet, das in der Regel weitab von Ortschaften liegt. Die Grenzen

Brumbys, wildlebende Pferde in Australien

werden meist abgezäunt. Manchmal bildet auch ein Fluß oder ein Steilabfall eine natürliche Grenze. Halbwild gehaltene Pferde bleiben das ganze Jahr über oder mindestens vom Frühjahr bis zum Herbstende im Freiland. Sie sind weitgehend sich selbst überlassen. Wie richtige Wildlinge müssen sie zur Nahrungs- und Wassersuche wandern und bei Schlechtwetter natürliche Unterschlupfe suchen. Bei der Geburt der Fohlen werden sie nicht betreut, meist auch nicht, wenn sie krank sind oder sich verletzt haben. Dadurch findet bis zu einem gewissen Grad eine natürliche Auslese statt. Das heißt, daß nur die widerstandsfähigsten Pferde das höchste Alter erreichen. In strengen Frostperioden wird jedoch Futter bereitgestellt. Außerdem entfallen Raubtiere als natürliche Feinde.

Meist bleiben nur die Stuten ihr ganzes Leben lang im Freiland. Erwachsene Hengste kommen in der Regel nur für einige Monate zur Herde, um die Stuten zu decken. Der Züchter sucht die Hengste aus und bestimmt, wie lange sie bleiben. Dies ist naturfremd und wirft Probleme auf. Besonders die älteren, erfahrenen Stuten dulden nicht ohne weiteres einen männlichen Neuling, noch dazu wenn er jung ist und das erste Mal zur Herde kommt. Andererseits gehen die Hengste, um sich bei den Stuten durchzusetzen, oft ziemlich aggressiv mit ihnen um. Ein Hengst kann auch überfordert sein, wenn die Anzahl der Stuten über das natürliche Maß hinausgeht.

Im Frühjahr, wenn wieder Fohlen zur Welt gekommen sind, werden die Jährlingshengste – die

Die Schieferpferdchen von Messel

Nahe der hessischen Stadt Darmstadt liegt der Ort Messel. In seiner Umgebung baute man im 19. Jahrhundert Braunkohle ab. Darunter kam Ölschiefer zutage, der ebenfalls gefördert und industriell verwertet wurde. Einer der Abbauplätze bekam den Namen „Grube Messel“. Schon früh entdeckte man im Schiefer Fossilien, also versteinerte Überreste von Tieren und Pflanzen, die etwa 50 Millionen Jahre alt sind. Planmäßige Grabungen wurden jedoch erst von 1966 an unternommen. Man fand verschiedene Fischarten, aber auch Schlangen, Alligatoren und Schildkröten, Schnecken, Käfer, Ameisen. Sogar Vögel und einige kleine Säugetiere konnte man bergen, die es in dieser Form längst nicht mehr gibt.

Die aufsehenerregendsten Funde aber waren zwei Arten von Urpferdchen. Man barg erwachsene und jüngere Tiere und sogar neugeborene Fohlen, die vielleicht mitsamt ihrer Mutter bei einem Erdbeben verunglückt waren. Das Kleine Messeler Urpferd war etwa 35 cm groß, das Große Messeler Urpferd erreichte eine Schulterhöhe von 50 cm. Bei einigen Pferdchen konnte man sogar den Mageninhalt sicherstellen und untersuchen. Er bestand aus Laubblättern und Beeren.

Durch diese kleinen Urpferde wurde die Grube Messel als Fundstätte von Fossilien weltberühmt. Urpferdchen und andere Messeler Fossilien bekommt man in einem kleinen Museum in Messel direkt, aber auch in bedeutenden Naturkundemuseen im In- und Ausland zu sehen.

männlichen Jungtiere vom Vorjahr – aus der Herde herausgefangen und versteigert, Jährlingsstuten dagegen nur selten. Die neuen Besitzer verwenden sie später zum Reiten, zum Fahren oder zur Zucht.
Beinahe jedes europäische Land hat Wildgestüte. So leben beispielsweise viele isländische und britische Ponys auf ihrer Heimatinsel im Freiland, aber auch Pferde verschiedener Rassen in den Ebenen und in den Gebirgszügen östlicher Länder, von Rußland bis Rumänien. Neben den bekannten Pferden der Camargue in Frankreich gibt es freilebende Pferde in der Maremma, einem ehemaligen Sumpfgebiet an der italienischen Westküste. Auf der schwedischen Insel Gotland findet man die gleichnamigen Ponys auf der riesigen Lojsta-Heide. Das letzte große Wildgestüt in Deutschland liegt im Merfelder Bruch, einem Wald-, Moor- und Heidegebiet nahe der Stadt Dülmen in Westfalen. Die dort gehaltenen Pferde nennt man „Dülmener Wildlinge".
Eine Besonderheit sind die Ponys von Assateague, einer unbewohnten Insel vor der Küste Marylands im Osten der Vereinigten Staaten. Ihre Vorfahren kamen aus Europa, aber niemand weiß, aus welchem Land. Es wird erzählt, daß im 17. Jahrhundert in der Nähe der Insel ein Schiff im Sturm versank. Von den Ponys, die mit an Bord waren, konnten sich angeblich einige auf die Insel retten, und von ihnen stammen die heutigen Ponys ab.

Pferdeverwandtschaft

Das Fohlen, das vor einigen Jahren in einem amerikanischen Zoo geboren wurde, sah merkwürdig aus. Die Streifen an den Beinen und die Kopfform mit den ovalen Ohren erinnerten an ein Zebra, aber der graugefärbte Körper mit dem dunklen Schulterkreuz war der eines Esels. Des Rätsels Lösung: Der neugeborene Einhufer war ein Zebroid (man könnte auch „Zebel" sagen). Er stammte von einer schwarzen Eselstute und einem Steppenzebrahengst. Auch Pferde und Zebras wurden schon miteinander gekreuzt. Die Fohlen nennt man ebenfalls Zebroide.

Steppenzebras in ihrer afrikanischen Heimat

Solche Vermischungen sind möglich, weil Pferde, Esel und Zebras eng miteinander verwandt sind. Man zählt sie zusammen mit all ihren Urahnen zur zoologischen Familie der Pferdeartigen, auch Einhufer oder Equiden genannt. Zebras werden eingeteilt in *Bergzebras, Steppenzebras* und *Grévy- oder Buschzebras.* Diese Untergattung lebt wie einst die Urpferdchen noch vorwiegend von Laub und Knospen.
In der Freiheit paaren sich die verschiedenen Equidenarten allerdings nur in Ausnahmefällen. Das hängt zum Teil damit zusammen, daß sie unterschiedliche Lebensräume bewohnen. In der Gefangenschaft gibt es meist keine Annäherungsschwierigkeiten.
Allerdings haben „exotische" Kreuzungen erst einmal nur wissenschaftlichen Wert. Zebras und Halbesel sind noch nicht zu Haustieren geworden und lassen sich ebensowenig „nutzen" wie Afrikanische Wildesel. Anders verhält es sich bei den Hauseseln und Hauspferden. Um die Genügsamkeit des Esels und die Kraft des Pferdes in einem Tier zu haben, werden Hausesel und Hauspferde schon seit langer Zeit miteinander gekreuzt. Den Nachkommen einer Eselstute und eines Pferdehengstes nennt man *Maulesel*, den Abkömmling einer Pferdestute und eines Eselhengstes *Maultier* oder *Muli.* Die Kreuzungen selbst sind meist nicht fortpflanzungsfähig.
In manchen Gebieten, zum Beispiel in Südamerika, gibt es ähnlich wie bei den Pferden auch freilebende Nachkommen von verwilderten Hauseseln.

Bei den Eseln unterscheidet man zwei Hauptgruppen. Jede Gruppe kommt nur auf einem Kontinent, aber in mehreren regionalen Unterarten vor. Die *Afrikanischen Wild- oder Steppenesel* haben eine Schulterhöhe zwischen 120 und 140 cm. Die Grundfarbe ist grau bis braun, häufig mit dunklem Schulterkreuz. Charakteristisch ist ihr langgezogener „Iaah"-Ruf. Man unterscheidet den *Nubischen*, den *Nordafrikanischen* und den *Somali-Wildesel* (siehe Foto). Von ihnen stammen vermutlich alle Hausesel ab, in der Wildnis sind sie jedoch selten geworden.

Den Asiatischen Wildesel nennt man auch Halb- oder Pferdeesel. Es gibt sieben regionale Unterarten: *Syrischer Halbesel, Persischer Halbesel* oder *Onager* (siehe Foto), *Indischer Halbesel* oder *Khur, Kulan, Dschiggetai, Pallas, Kiang*. Die Halbesel haben wie die Afrikanischen Esel kleine Hufe, lange Ohren und einen dünnen Schwanz mit „Quaste". Der Kopf ist jedoch kräftiger, die Fellfarbe ist rötlichbraun bis falb. Ihre Stimme ist ein hörbarer Unterschied. Sie liegt zwischen Pferdewiehern und Eselruf.

Hausesel wurden schon im alten Ägypten und in Mesopotamien als Haustiere gezüchtet. Die größte Rasse ist der *Riesen-* oder *Poitou-Esel*, der vor allem in Frankreich und Spanien gezüchtet wird. Er erreicht ein Schultermaß bis zu 170 cm. Die kleinsten Rassen werden nur knapp einen Meter groß. Die genügsamen Esel müssen auch heute noch oft als Last- und Zugtiere hart arbeiten. Sie sind weder „dumm" noch „stur", brauchen aber Wärme, Trockenheit und eine verständnisvolle Behandlung durch den Menschen.

Kleines Quiz für Pferdekenner
über die Entwicklungsgeschichte der Pferde
(Auflösung auf Seite 144)

1. Wann lebte der Eohippus, das „Pferdchen der Morgenröte“?
   a) vor rund 5 Millionen Jahren
   b) vor rund 20 Millionen Jahren
   c) vor rund 60 bis 40 Millionen Jahren

2. Wo lebte der „Südpferdetyp“?
   a) in Südeuropa
   b) in Asien und Afrika
   c) in Nordamerika

3. Wann begann der Mensch, Pferde zu zähmen?
   a) vor etwa 6000 Jahren
   b) vor etwa 2000 Jahren
   c) vor etwa 20000 Jahren

4. Wo kommen Mustangs vor?
   a) in Nordamerika
   b) in Südamerika
   c) in Australien

5. Was ist ein Maulesel?
   a) der Nachkomme einer Pferdestute und eines Eselhengstes
   b) eine Unterart des Afrikanischen Wildesels
   c) der Nachkomme einer Eselstute und eines Pferdehengstes

6. Das Dschiggetai gehört ...
   a) ... zum Asiatischen Wildesel
   b) ... zum Afrikanischen Wildesel
   c) ... zu den Zebras

Die Vielfalt der Rassen

Hast du gewußt, daß man zwischen Vollblut, Warmblut,
Kaltblut, Ponys und Kleinpferden unterscheidet?
Diesen Hauptgruppen werden die einzelnen Rassen zugeordnet.

Art, Unterart, Rasse, Schlag

Alle Pferde gehören zu einer einzigen Tierart, kommen aber in vielen Rassen vor. Mehr als 200 Pferderassen gibt es derzeit weltweit.

Pferde einer Rasse sehen sich sehr ähnlich. Durch ihren „Typus" unterscheiden sie sich von anderen Artgenossen. Das kann zum Beispiel ein starker Knochenbau sein, Feingliedrigkeit, geringe Größe oder bestimmte Fellfarben. Auch im Temperament und in den Bedürfnissen sind sie sich ähnlich. Doch auch innerhalb einer Rasse gleichen sich die Tiere nicht „wie ein Ei dem anderen". Jedes einzelne Tier besitzt auch noch ganz persönliche Eigenheiten im Aussehen und im Verhalten.

Bei Wildtieren entstehen Rassen durch Anpassung an den jeweiligen Lebensraum. Man nennt sie zoologisch auch Unterart. Unmittelbar aus solchen Unterarten von Wildpferden sind viele *Naturrassen* entstanden. Man nennt sie auch Primitiv- oder Robustrassen. Primitiv bedeutet hier „ursprünglich", der Wildform noch ähnlich, nicht „verfeinert"; robust kann man mit kräftig, unempfindlich gleichsetzen. Wenn Pferde solcher Rassen in Gebiete mit anderem Klima gebracht werden, leidet oft ihre Robustheit darunter. Sie bekommen zum Beispiel leicht Krankheiten, die es in ihrer Heimat nicht gibt, weil ihr Körper keine Abwehrstoffe dagegen gebildet hat.

Zucht- oder Kulturrassen entstehen in einem bestimmten Zuchtgebiet und haben meist mehrere andere Natur- und Kulturrassen als Vorfahren. Sie sind nicht mehr durch das Freileben, sondern durch die Zuchtauslese, die Haltung, Fütterung und die Verwendung durch den Menschen geprägt. Manchmal werden sie in Gestalt, Farbe und Charakter „umgezüchtet", weil eine neue Mode oder eine neue Verwendungsmöglichkeit entstanden, eine bisherige weggefallen ist. So entsteht ein neues Rassebild.

Reinblut-Araberpferd aus Europa

Typvoller Englischer Vollblüter

Wenn aus sehr unterschiedlichen Pferdetypen eine neue Rasse „geschaffen" wird, spricht man auch von einer *Kunstrasse*. Viele Rassen sind längst wieder ausgestorben, weil sie nicht mehr gefragt waren.

Manche Rassen gibt es in mehreren „Schlägen", das heißt Varianten, Abwandlungen, Typen. Ein Schlag kann zum Beispiel kräftiger als andere Pferde der gleichen Rasse oder andersfarbig sein. Die einzelnen Rassen werden einer bestimmten Gruppe zugeordnet. In Europa unterscheidet man zum Beispiel die Hauptgruppen *Vollblut, Warmblut (Halbblut), Kaltblut, Ponys* und *Kleinpferde*. Nicht die Menge oder die Temperatur des Blutes ist bei den „Blütern" gemeint, sondern das Temperament, der „Adel" des Aussehens und des Gangwerks. „Hoch im Blut stehend" bedeutet, daß es sich um ein temperamentvolles, lauffreudiges Pferd handelt. Pferde mit „wenig Blut" müssen nicht unbedingt schwerfällig sein, sind aber meist weniger nervig.

Vollblutpferde

Als vollblütig (reinblütig, unvermischt) bezeichnete man früher jede Rasse, in die – über längere Zeit oder überhaupt – keine andere Rasse eingekreuzt worden ist. Heute gelten als Vollblüter nur *reine Araber (Orientalisch Vollbut)*, das *Englische Vollblut* und seine Abzweigungen (zum Beispiel das Amerikanische Vollblut) und *Anglo-Araber*; das sind Kreuzungen von orientalischem und englischem Vollblut. Anerkannte Vollblüter erhalten ein „Kennzeichen" hinter ihrem Namen: ox bedeutet Orientalisches Vollblut, xx heißt Englisches Vollblut, x steht für Anglo-Araber.

Araber sind typische Südpferde, zierlich, bewegungsfreudig und bestens an das extreme Trockenklima des Orients angepaßt. Sie gehen vermutlich unmittelbar auf die südlichen Urpferde zurück. Besonders geschätzt wird ihre Anhänglichkeit an den Menschen. Diese konnte sich entwickeln, weil arabische Pferde in ihren

Kaltblut-Adel mit Auszeichnung

Elegantes mitteleuropäisches Warmblut

Bunt gemischt und einträchtig beieinander: Pferde verschiedener Rassen.

Ursprungsländern schon immer eng mit ihren Besitzern zusammengelebt haben. Nicht alle Araber werden jedoch als Vollblut anerkannt.
Spricht man von einem „Vollblüter", ist fast immer ein Englisches Vollblut gemeint. Diese Rasse ist im Vergleich zu den Arabern sehr jung. Sie entstand im 18. Jahrhundert aus der Kreuzung von Nordpferden mit Südpferden. Altbritische Stuten wurden mit Perser-, Berber-, Türken- und Araberhengsten gekreuzt, um kräftige, schnelle Rennpferde zu erhalten. Die „neuen" Pferde nannte man anfangs einfach „Wettläufer". Sie erfüllten die Erwartungen, die man an sie stellte, und man züchtete mit ihnen direkt weiter. Ende des 18. Jahrhunderts wurde ein Zuchtbuch angelegt und der Rassename Englisches Vollblut festgeschrieben. Englische Vollblüter sind im allgemeinen größer als Araber, sie haben viel Temperament und werden weltweit für Galopprennen eingesetzt, können aber auch anderweitig geritten werden. Besonders leistungsstarke Pferde werden nicht nur für die eigene Zucht verwendet, sondern auch zur „Veredelung" anderer Rassen.
Einen Sonderstatus haben *Traber.* Diese Pferde werden für spezielle Rennen gezüchtet, bei denen sie in unnatürlich hohem Tempo traben müssen. Ihre gezielte Zucht begann vor rund 200 Jahren in verschiedenen Ländern gleichzeitig. Unterschiedliche Rassen wurden gemischt, und in die Mischungen immer wieder weitere Rassen eingekreuzt. Verbreitete Zuchtrichtungen sind der amerikanische Traber, der russische Traber und der europäische Standardtraber.

Die Riesenhaften

Kaltblüter fallen durch ihre Größe und ihre Körpermasse auf. Sie sind schwergewichtiger als alle anderen Pferde und können sehr schwere Lasten ziehen. Vermutlich stammen sie von Wildpferden

ab, die in unwirtlichen Tundren lebten. Typisch ist die lange Behaarung an den Backen, unter dem Kinn und an den Beinen.
Kaltblutpferde haben im allgemeinen ein ruhiges Wesen, in der Herde kämpfen sie aber genauso um ihre soziale Stellung wie andere Pferde auch. Sie bevorzugen den Schritt – er ist im schweren Zug auch die einzig mögliche Gangart. Kaltblüter können zwar auch traben und galoppieren, aber sie werden dann meist schnell müde. Das englische *Shirehorse* ist mit einem Stockmaß von bis zu zwei Metern nicht nur die größte Kaltblutrasse, sondern die größte Pferderasse überhaupt. Der schottische *Clydesdale* steht ihm nicht viel nach. Andere Rassen dieses eindrucksvollen Pferdetyps sind das *Belgische* und das *Rheinische* Kaltblut, der süddeutsch-österreichische *Noriker*, der *Freiberger* aus der Schweiz und der *Percheron* aus Frankreich. Die Kleinsten unter den Großen kommen aus dem deutschen Südwesten und werden *Schwarzwälder Füchse* genannt.

▲ **Schwarzwälder Fuchs-Zuchthengst**

▲ **Ardenner Kaltblut beim Stämmeschleppen**

▼ **Shirehorses, die größten Pferde**

Halbblut – Warmblut

Wenn von Großpferden die Rede ist, meint man außer Vollblütern auch die sogenannten Halb- oder Warmblutpferde. International wird jede Pferderasse als Halbblut bezeichnet, die weder als Vollblüter noch als Traber, Pony oder Kaltblüter einzureihen ist. Im Deutschen gibt es dafür den Begriff Warmblut.

Als Halbblut gilt hier nur ein Pferd, wenn ein Elternteil Vollblüter ist. Dazu gehört eine große Vielfalt von Rassen. Manche Warmblüter werden nicht viel größer als Ponys, andere erreichen ein Stockmaß von 1,75 Meter und mehr.

Warmblüter entstanden schon vor Jahrtausenden, und sie sind die typische Haustierform der Pferde: größer, schneller, nerviger als Ponys, aber auch empfindlicher und stärker vom Menschen abhängig. Die ersten Warmblüter waren sicher Militärpferde. Schwerere Pferde setzte man als Arbeitstiere ein. Dieser „Wirtschaftstyp“ ist in Westeuropa selten geworden. Kräftige, aber elegantere Pferde verwendet man immer noch als „Karossiers“, das heißt zum Ziehen von schweren Kutschen (Karossen), für leichtere Gefährte vor allem im Flachland nimmt man flinke „Jucker“.

Das „moderne“ Warmblut eignet sich besonders gut zum Reiten. Vielfach wurde Englisches Vollblut eingekreuzt. Reitpferde – vor allem für den Leistungssport – sind heute am meisten gefragt. Viele Warmblüter im Reitpferdetyp kann man jedoch auch zum Fahren einsetzen.

Zu den bekanntesten deutschen Warmblütern gehören der *Hannoveraner* und der *Trakehner*. In ihnen steckt inzwischen einiges Vollblut, sie werden aber selbst auch als Veredler bei anderen Rassen eingesetzt, vor allem bei den weiteren deutschen Warmblutschlägen wie Hesse, Brandenburger, Holsteiner, Oldenburger, Ostfriese, Württemberger, Bayer, Mecklenburger und sonstige Landeszuchten. Sie entsprechen alle dem Typ „Deutsches Reitpferd“ und werden heute weltweit gezüchtet und im Sport eingesetzt. Ähnlich verhält es sich mit vielen anderen europäischen Reitpferdrassen. Ihre ursprünglichen Besonderheiten haben sich meist verloren.

▲ **Deutsches Reitpferd Holsteiner Zucht**

▲ **Hannoveraner, die bekannteste deutsche Rasse**

▲ **Britischer Hunter**

▼ **Halbblüter**

▲ Lipizzaner (bei der Arbeit am langen Zügel)

▲ Durchweg schwarz: das (west-)friesische Pferd

▲ Zwei Andalusier

▼ „Altdeutscher" Typ

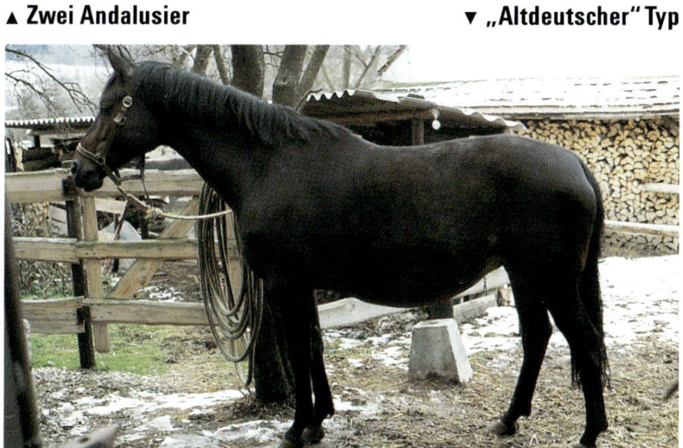

Zu den Warmblütern gehören aber auch Rassen, die sich von anderen Züchtungen deutlich unterscheiden. So fallen die schwarzen *Friesen* schon durch ihre meist üppige, gewellte Mähne und ihre „Federn" an den Beinen auf, das ist die dichte Behaarung an den Fesseln. Sie haben einen kräftigen, etwas gedrungenen Körperbau mit breiter Brust und gespaltener Kruppe. Ein besonderes Merkmal ist ihre hohe Beinaktion. Solche Pferde wurden bereits um die Zeitenwende von den Frisii, einem westgermanischen Stamm an der Nordseeküste, gezüchtet, auf dem Gebiet der heutigen Niederlande. Heute züchtet man einen etwas schweren Gespanntyp und einen leichteren, größeren Reittyp. Seit Anfang des 20. Jahrhunderts wird sogenannte Farbzucht betrieben, das heißt, es werden ausschließlich Rappen anerkannt und auch nur solche, die keine oder nur winzige weiße Abzeichen haben.

Eine solche Farbzucht gibt es auch bei den *Lipizzanern* – mit dem Unterschied, daß für sie die Schimmelfarbe typisch ist. Diese Rasse wurde im 16. Jahrhundert von dem österreichischen Erzherzog Karl II. „erfunden". Er wollte ganz besondere, ausgefallene Pferde für den kaiserlichen Hof und seine „Spanische (Hof-)Reitschule" zu Wien haben. So gründete er in Lipica im heutigen Slowenien ein Gestüt. Die Pferde aus dem dortigen Gebiet wurden mit spanischen, dänischen und italienischen Pferden gekreuzt. Ein Pferdetyp mit kräftiger Statur entstand, der sich vor allem für die Hohe Schule über der Erde eignen sollte. Gezüchtet wurde in vielen Farbvarianten, wobei Mehrfarbigkeit, Sprenkelungen und Glanzfarben besonders beliebt waren. Im 19. Jahrhundert wurde die Kaiserfarbe Weiß „in", und so ging man von den „bunten" Färbungen bei den Lipizzanern zur Schimmelfärbung über. Dabei ist es bis heute geblieben. Zur Erinnerung an die alte Zeit werden jedoch stets auch einige dunkle Pferde in der Zucht behalten. Lipizzaner gehen unter anderem auf den eleganten, mittelgroßen *Andalusier* zurück, der heute ebenfalls hauptsächlich als Schimmel gezüchtet wird. Mit den (West-)Friesen hat er die hohe Beinaktion gemein, die man ihn gern im „Spanischen Tritt" vorführen läßt.

Aus Rußland und anderen eurasischen Ländern kommen Warmblutrassen wie die *Don-Pferde*. Sie gehen auf Nomadenpferde der dortigen Steppen zurück und bewähren sich vor allem in Distanzrennen. Aus ihnen zweigte man das vielseitige *Budjonny*-Halbblut ab. Im Kaukasus sind die *Kabardiner* zuhause. Sie eignen sich besonders fürs Gebirge und tragen wegen ihrer Trittsicherheit den Beinamen „Pferd mit den hundert Beinen". Berühmt wurden weltweit die temperamentvollen *Achal-Tekkiner* als Renn- und Sportpferde. Die typische Warmblutrasse Ungarns, eines der bedeutendsten osteuropäischen Pferdeländer, ist der *Nonius*. Für Touristen gehören Besuche bei den freilebenden Pferdeherden in der Pußta zum festen Programm.

In der „Neuen Welt", also auf dem amerikanischen Doppelkontinent, entstanden aus den unterschiedlichen Pferden, die die Europäer dorthin mitnahmen, weitere verschiedene Warmblutrassen. Weithin bekannt und seit einiger Zeit auch in der Alten Welt verbreitet ist das nordamerikanische *Quarterhorse*, das typische „Western"-Pferd. Es wurde ursprünglich nur für die Arbeit der Cowboys gezüchtet, heute ist es die meistgezüchtete Pferderasse der Welt. Seit der Eröffnung des Stutbuchs 1941 sind über drei Millionen reinrassige Tiere eingetragen worden, und die Zucht geht unvermindert weiter. Das Quarterhorse ist ein muskulöses, kräftiges Pferd mit einer durchschnittlichen Größe von etwa 150 cm.

Die Zucht des *Morgan-Horses* begann mit einem einzigen Hengst, der nach seinem Besitzer „Justin Morgan" genannt wurde. Seine Abstammung liegt im Dunkeln. Umso mehr Legenden ranken sich um seine Herkunft. Als sicher gilt, daß das kleine dunkelbraune Pferd auffiel, weil es sowohl als Zugpferd wie auch als Rennpferd überragende Leistungen vollbrachte und deshalb bald als Deckhengst gefragt war. Die Vielseitigkeit ist auch heute ein wesentliches Merkmal der Morgans.

Das *Tennessee-Walking-Horse* ist seit 1935 als eigenständige Rasse anerkannt. Sein Vorläufer war das „Plantation Horse". Die Rasse ist, wie der Name andeutet, auf die Gangart Schritt spezialisiert worden, einzigartig ist der Rennschritt (Running Walk). Er wird durch den Galopp ergänzt, Trab ist weniger erwünscht. Der Tennessee Walker eignet sich sowohl zum Reiten wie zum Fahren. Wichtiges Zuchtmerkmal ist ein ausgesprochen sanftes Wesen.

Der *Appaloosa* ist das Pferd der Nez-Percé-Indianer vom Palouse-River im Nordwesten der heutigen USA. Sie gehörten zu den ersten Ureinwohnern des amerikanischen Kontinents, die mit den ihnen fremden Tieren bald eine gezielte Zucht begannen. Auch sie legen bei den Pferden Wert auf einen ausgesprochen gutmütigen Charakter. Das Besondere der Appaloosas ist die Vielfalt ihrer Fellzeichnung, bei der Sprenkel und Flecken hervorstechen.

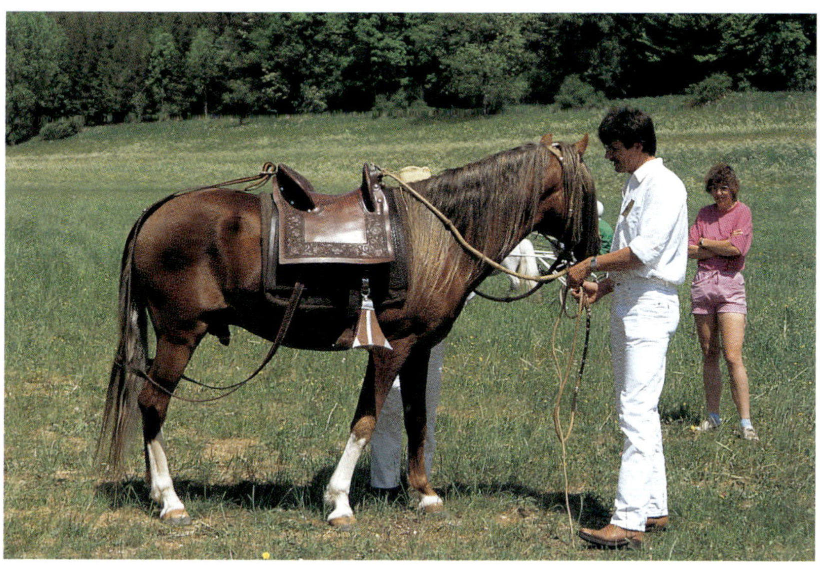

In den südamerikanischen Ländern entstanden etwas leichtere, feingliedrige Rassen, die sich vor allem für die – auf langen Ritten recht angenehmen – Gangarten Tölt (Marcha) und Paß (Paso) eignen. Sie gehen meist auf spanisch-arabische und portugiesische Pferde zurück. Verbreitete Rassen sind unter anderem der *Mangalarga Marchador* aus Brasilien und der *Peruanische Paso*. Auch sie sind inzwischen in die Alte Welt „zurückgekehrt".

Alter Naturadel – die Ponys

Das Wort „Pony" ist altenglisch und heißt „Pferdchen oder kleines Pferd". So wurden die kleinen, stämmigen Nachfahren der nördlichen Urpferde benannt, die in Großbritannien und Irland erhalten blieben. Der Begriff wurde in andere Sprachen übernommen.

Die urwüchsigen, robusten Pferde sind an kaltes und wechselndes Klima angepaßt und können unterschiedliche Lebensräume bewohnen: Küsten, Berglandschaften, Moore und Heiden, Waldgebiete. Die kleinste Rasse der Welt hat sich auf den rauhen, baumlosen Shetlandinseln erhalten, die nördlich von Großbritannien im Atlantik liegen. *Shetland-Ponys*, kurz auch Shettys genannt, werden zwischen 90 und 110 Zentimeter groß, sogenannte Miniaturshetlands sogar nur 80 Zentimeter. Noch kleinere, auffallend zierliche Miniaturpferde sind jedoch meist geschoren und noch nicht ausgewachsen!

Eine weitere sehr urtümliche Rasse sind die *Exmoor-Ponys* aus dem Südwesten Englands. Ihre nächsten „Nachbarn" leben in Dartmoor und in New Forest. Manche *Dartmoor-* und *New-Forest-Ponys* haben allerdings an Ursprünglichkeit verloren, denn es wurden öfters andere Rassen eingekreuzt, um die Ponys „nobler" oder schwerer zu machen. Das trifft auch beim *Welsh-Pony (Walisisches Pony)* aus dem Landesteil Wales zu, das es in mehreren Schlägen gibt. Das *Bergpony (Welsh-Mountain)* kommt seinen Vorfahren noch am nächsten. Man unterscheidet außerdem den „eleganten" Riding-Typ und den schwereren und größeren Cob-Typ.

Ähnlich verhält es sich auch mit den Ponys aus der *Connemara*, einer abgelegenen Küstenlandschaft im Westen Irlands. Durch Einkreuzung sind sie teils zierlicher, teils kompakter geworden als der Urtyp, der jedoch auch noch vorkommt.

Auch auf dem europäischen Kontinent sind noch ursprüngliche Ponyrassen zu Hause, zum Beispiel der mausgraue *Flachland-Konik* (Konik heißt Pony) in Polen, der *Huzule* in den Karpaten (ein Gebirgszug im Südosten Mitteleuropas), das *Bosnische Gebirgspony (Bosniake)* in Bosnien, das *Gotland-Pony* in Schweden.

Die letzte bodenständige Ponyrasse in Deutschland ist das *Dülmener Pony* aus dem Merfelder Bruch. Bei ihm werden allerdings vor allem osteuropäische Ponys eingekreuzt. Das Deutsche Reitpony ist keine „gewachsene" Rasse, sondern eine Mischung aus verschiedensten Ponyrassen, Arabern und anderen Pferden. Es wurde vor einigen Jahrzehnten „erfunden", um kleine Pferde für Kinder und Jugendliche zu bekommen, vor allem für den Turniersport.

Aus ähnlichen Gründen werden ja auch Ponyrassen „verfeinert". Im internationalen Sport gilt nämlich jedes Pferd als Pony, das nicht größer ist als exakt 147,5 Zentimeter (auch Araber). Ursprüngliche Nordponys sind aber auf Grund ihres Körperbaus für bestimmte Sportdisziplinen nicht so gut geeignet, wie zum Beispiel für höhere Dressur und Springen.

Ponyrassen, die größer sind als 1,30 Meter, werden in Deutschland als Kleinpferde oder Robustpferde bezeichnet. Auch das Wort Doppelpony wird noch gelegentlich verwendet. Dazu gehören vor allem der *Haflinger*, das *Island-* und das *Fjordpony*. Der Haflinger ist das Gebirgpony der Alpen, seine Zucht begann vor langer Zeit in dem Ort Hafling in Südtirol/Italien. Es ist bislang die einzige Ponyrasse, die auf allen Kontinenten eingesetzt wird. Das Islandpony wird auf seiner Heimatinsel seit mehr als 1000 Jahren reingezüchtet. Auch heute noch dürfen keine Pferde nach Island gebracht, sondern nur von dort in andere Länder exportiert werden.

Das falbfarbene Fjordpony ist in Norwegen zu Hause. Typisch sind die (allerdings oft geschnittene) schwarzweiße Stehmähne, der Aalstrich auf dem Rücken und die Streifung an den Beinen.

Weltweit kommen viele verschiedene Ponyrassen vor und auch Ponys, für die es keine Rassebezeichnung gibt. Ponys sind zwar von ihrer Größe her gut für Kinder geeignet, doch vor allem in ihren Ursprungsländern – von Island über Skandinavien bis zur Mongolei – werden sie ganz selbstverständlich auch von Erwachsenen geritten. Sie sind wetterunempfindlich, trittsicher auch in schwierigem Gelände, besitzen Mut und Ausdauer und können mit kargem Futter auskommen.

Haflinger sind meist zwischen 135 und 145 cm groß. Typisch ist ihre Fuchsfarbe, die es in vielen Schattierungen gibt, vom sehr hellen Lichtfuchs bis zum dunkelglänzenden Kohlfuchs. Mähne und Schweif sind beige bis weiß und oft sehr dicht und lang. Gezüchtet werden verschiedene Typen. Der ursprüngliche derbe, fast massige Gebirgsschlag ist immer noch ebenso gefragt wie leichtere Pferde bis hin zu eleganten Reitponys mit viel Araberanteil.

Islandponys werden durchschnittlich 140 cm groß und kommen in vielen Farben vor. Sie sind die einzige Pferderasse und oft das einzig mögliche Transportmittel auf ihrer Heimatinsel, die von Vulkanbergen, Lavafeldern und flachen Küstenlandschaften geprägt ist. Viele Islandponys beherrschen den Tölt, manche auch den Paß, und werden sowohl in ihrer Heimat wie auch in anderen Ländern bei speziellen Rennen für diese Gangarten eingesetzt.

In Norwegen gibt es zwar mehrere Pferderassen, international gezüchtet wird allerdings nur das sogenannte *Fjord-Pony* aus dem Westen dieses nordeuropäischen Landes. Man nennt es oft auch einfach „Norweger-Pony". Ein Merkmal ist die Falbenfarbe, andere Farben kommen nicht (mehr) vor. Fjord-Ponys wurden in ihrer gebirgigen Heimat als Tragtiere und Gespann- und Reitpferde verwendet. Ihre Größe liegt bei 138 bis 148 cm.

Die kleinsten Pferde der Welt, die *Shetland-Ponys,* sind besonders als Schecken beliebt. Man betrachtet sie leider allzu oft nur als „Spielzeug“, und ihre Bedürfnisse und ihre Leistungsfähigkeit werden dabei übersehen. Das rauhe Klima und die spärliche Vegetation in ihrer Heimat hat sie geprägt. Dort wurden die kleinen Pferde vielseitig in der Landwirtschaft eingesetzt, sie mußten aber lange Zeit auch in Bergwerken Schwerstarbeit leisten.

Im weiten, abgelegenen Dartmoor leben auch heute noch viele Zuchtponys halbwild. Man kann ihnen begegnen, wenn man das Gebiet durchwandert. *Dartmoor-Ponys* werden etwa 120 bis 125 cm groß. Dunkle Färbungen, die der Landschaft angepaßt sind, gelten als ursprünglich. Es werden aber auch Schimmel anerkannt, jedoch keine Schecken. Ebenso gelten Abzeichen als untypisch. Dartmoor-Ponys werden inzwischen auch in anderen Ländern gezüchtet.

Zu den kleineren Ponyrassen gehört auch das *Walisische Gebirgspony (Welsh-Mountain-Pony)* aus Wales (Westengland). Es wurde bereits von den Kelten gezüchtet. Später wurden auch arabische und andere „leichte“ Rassen eingekreuzt. Dennoch wirkt das Bergpony noch einigermaßen ursprünglich (rechts im Bild, daneben ein Miniaturshetland-Pony). Im Zuchtstandard wird es als „Sektion A“ geführt. Es darf bis zu 122 cm groß werden und bildet die Ausgangsform für die anderen, größeren Welsh-Typen.

Schon seit langer Zeit werden in Großbritannien und Irland sogenannte „Riding“-Ponys gezüchtet. Dazu kreuzte man die ursprünglichen Ponyrassen mit „feineren“ und größeren Pferden. Teils entstehen auch heute noch solche Kreuzungen, teils züchtet man mit den entstandenen Riding-Ponys direkt weiter. Nach diesem Vorbild wird auch das *Deutsche Reitpony* gezüchtet. Zuchtziel ist ein elegantes kleines Pferd, vor allem für Kinder- und Jugendwettbewerbe.

Auch in vielen anderen Ländern Europas werden seit einigen Jahrzehnten spezielle Reitponys für Turniere der „klassischen“ Disziplinen – Dressur, Springen, Vielseitigkeit – aus den unterschiedlichsten Rassen „herausgezüchtet“. Meist nennt man sie wie in Großbritannien einfach *Reitpony* und stellt den jeweiligen Landesnamen davor. Bodenständige Rassen sind bei manchen dieser Ponys jedoch kaum mehr im Blut.

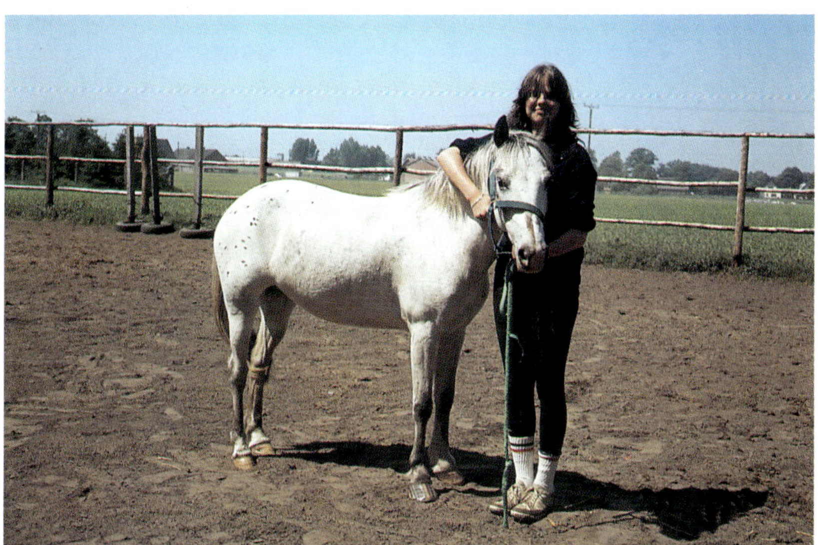

Viele „wild“ gezüchtete Ponys erhalten keine Zuchtpapiere, obwohl sie nicht mehr verschiedene Rassen enthalten als manches Turnierpony. Oft legt der Besitzer auch gar keinen Wert darauf. Auch mit *Mischlingsponys* kann man reiten, fahren oder voltigieren, je nach Veranlagung des Ponys. Und längst nicht jeder Pferdebegeisterte möchte am Leistungssport teilnehmen.

Kleines Quiz für Pferdekenner über die Vielfalt der Rassen
(Auflösung auf Seite 144)

1. Wie viele Pferderassen gibt es?
   a) mehr als 200
   b) mehr als 100
   c) mehr als 300

2. Welche dieser Rassen gilt als Vollblut?
   a) Trakehner
   b) Anglo-Araber
   c) Welsh-Cob

3. Welche dieser Rassen gilt als Warmblut?
   a) Traber
   b) Mecklenburger
   c) Noriker

4. Im Sport gelten Pferde als Ponys, wenn sie nicht größer sind als ...
   a) ...100 Zentimeter
   b) ...130 Zentimeter
   c) ...147,5 Zentimeter

5. Welches ist die kleinste Pferderasse?
   a) Connemara-Pony
   b) Fjordpony
   c) Shetland-Pony

6. Welches ist die größte Pferderasse?
   a) Shirehorse
   b) Friese
   c) Schwarzwälder Fuchs

Vom Körperbau und von den Sinnen des Pferdes

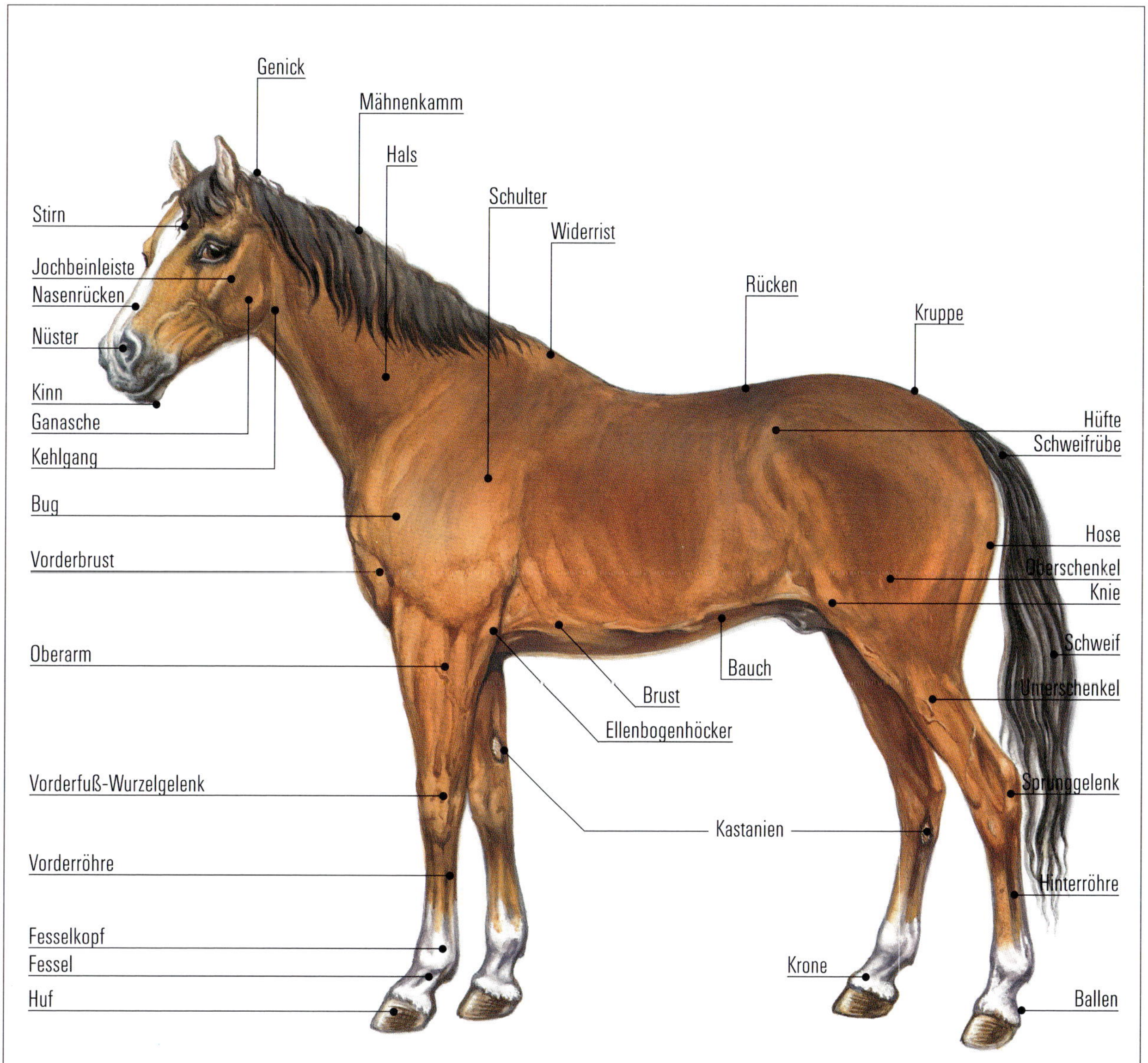

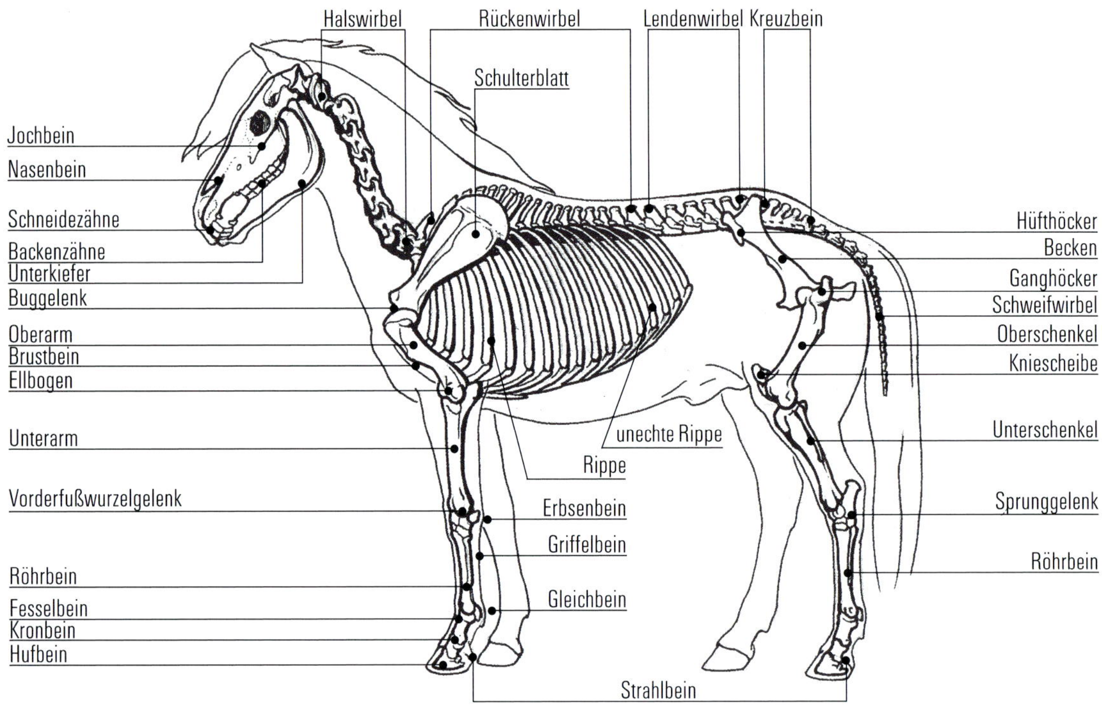

Einige Besonderheiten

Pferde gehören zu den Säugetieren. Sie sind zwar Pflanzenfresser, aber keine Wiederkäuer. Sie können nur durch die Nase atmen, nicht auch durch den Mund. Ihr Gaumenzäpfchen ist so groß, daß es die Luftröhre vom Rachen her abdeckt. Aber sie können für kurze Zeit ihre Nüstern verschließen und die Luft anhalten, damit Wasser oder eine Staubwolke nicht in die Atemwege gerät.

Pferde erbrechen fast nie, weil der Mageneingang mit einem Schließmuskel versehen ist. Kommt es in ganz seltenen Fällen doch dazu, gerät der Mageninhalt unweigerlich in die Nase und von dort in die Lunge. Die Nahrung vergärt nicht wie bei den Wiederkäuern im Magen, sondern im Blinddarm.

Mit 250 Knochen und 520 Muskeln ist der Körper jedes Pferdes ausgestattet. Dagegen gibt es in Größe und Gewicht erhebliche Unterschiede. Die kleinsten Pferde werden nur 80 Zentimeter groß, die Riesen unter ihnen bis zu 200 Zentimeter. (Gemessen wird von der höchsten Stelle zwischen den Schultern, dem Widerrist, bis zum Boden. Das ergibt die Widerrist- oder Schulterhöhe, Hals und Kopf sind nicht einbezogen. Zum Messen verwendet man meist einen Längsmeßstab mit einer Querlatte. So erhält man das „Stockmaß“. Legt man ein Band am Körper an, ergibt sich das „Bandmaß“, es ist jedoch ungenauer.)

Die Gewichtsspanne liegt zwischen etwa 100 und 1200 Kilogramm! Je 100 Kilogramm Körpergewicht hat ein Pferd zirka zehn Liter Blut. Das Herz wiegt je nach Körpermasse etwa zwischen zwei und fünf Kilogramm. Durch Arbeit und Lauftraining kann sich sein Gewicht bis um ein Viertel erhöhen. Der Puls schlägt bei Fohlen etwa 100mal in der Minute, bei einem erwachsenen Pferd im Ruhezustand 30- bis 50mal. Bei großer Anstrengung kann der Puls auf mehr als 100 Schläge hinaufschnellen.

Ähnlich ist es mit der Atmung. Gesunde erwachsene Pferde in Ruhe machen etwa acht bis 15 Atemzüge pro Minute. Stark geforderte, aufgeregte oder fiebrige Pferde atmen (wie auch neugeborene Fohlen) in der gleichen Zeit 60- bis 70mal! Die normale Körpertemperatur liegt bei

Fohlen zwischen 38,5 und 39,5 Grad, bei erwachsenen Pferden um die 38 Grad. An heißen Tagen und bei Anstrengung kann sie auf bis zu 40 Grad ansteigen. Als Fieber gilt eine Temperatur von 39 Grad und mehr, wenn sie länger als einige Stunden anhält.

Das Gebiß – Freßwerkzeug und Altersspiegel

Fohlen sind bei der Geburt bereits mit Zähnen ausgerüstet: Oben und unten sitzen je zwei Schneidezähne („Zangen") und an den Seiten je drei vordere Backenzähne. Vollständig ist das Milchgebiß im Alter von acht bis neun Monaten. Knapp zwei Jahre lang verändert sich nichts. Dann setzt der Zahnwechsel ein. Mit etwa fünf Jahren hat ein Pferd sein komplettes Dauergebiß. Es besteht bei weiblichen Tieren aus 36 bis 38 Zähnen, männlichen Pferden wachsen noch zwei „Hengstzähne" vor den Backenzähnen dazu.
Mit zunehmendem Alter wird die Kaufläche der Backenzähne allmählich abgenutzt: die Spitzen der vorderen Zähne reiben sich schon bald völlig ab. In der Mitte der Schneidezähne werden Einbuchtungen („Kunden") sichtbar, die mit Zahnzement angefüllt sind. Die neuen Reibflächen verändern sich nach und nach ebenfalls, zuerst sind sie queroval, dann dreieckig und später längsoval. Mit ihnen bekommen auch die Kunden ein verändertes Aussehen: Sie werden von Jahr zu Jahr kleiner und sind bei alten Pferden kaum mehr zu erkennen.
Die Backenzähne nutzen sich oft einseitig ab und bilden Haken, die dem Pferd erhebliche Schmerzen verursachen. Wenn ein Pferd nicht mehr richtig frißt, sind häufig diese Zahnhaken schuld daran. Der Tierarzt kann sie aber abraspeln.
Die Zähne der Pferde wachsen nicht nach, sondern werden von der Wurzel her nachgeschoben. (In der Lücke darunter bildet sich dann Knochensubstanz.) Durch den Abrieb der Kronen sind bei sehr alten Pferden meist nur noch kurze Stummel vorhanden. Wenn sie ausfallen, kann das Pferd nicht mehr fressen und muß verhungern, wenn es kein weiches Futter bekommt.

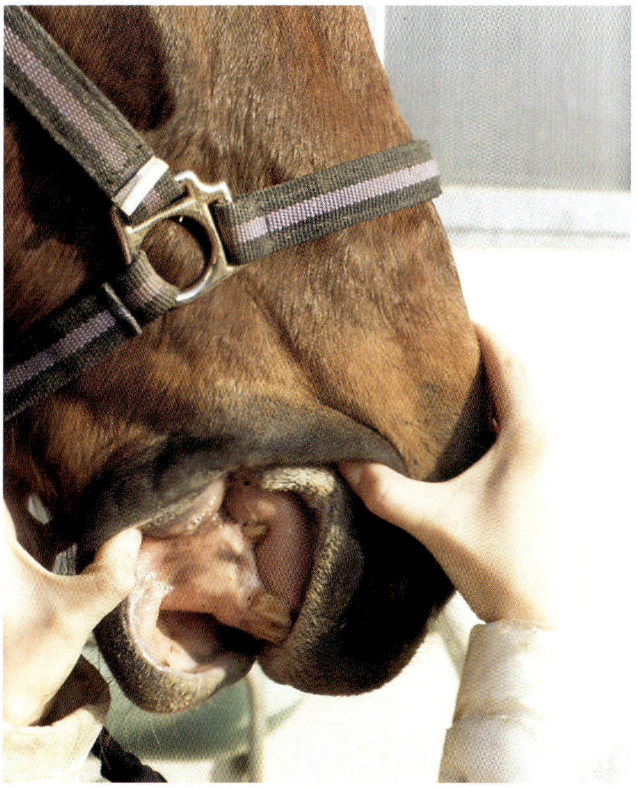

Der kleine spitze Zahn heißt Hengstzahn, weil er bei Stuten fast immer fehlt.

Wechselnde Behaarung

Das Fell oder Deckhaar besteht aus kurzem Unterhaar und längerem Oberhaar. Es schützt vor Auskühlung ebenso wie vor Sonnenbrand. Im Frühjahr und im Herbst kommen Pferde in den „Haarwechsel". Das Winterfell wächst lang und sehr dicht, besonders bei den Freilandpferden in den kalten Regionen. Das Sommerfell ist verhältnismäßig fein, dünn und kurz. Fohlen haben stets ein wolliges Fell, denn sie brauchen besonders viel Wärme.
Das Langhaar – Mähne und Schweif – besteht aus sehr kräftigen Einzelhaaren. Spezialschutzhaare sind die Wimpern, die Innenhaare der Nase und der Ohren und das längere Haar der Fesseln. Sie schützen bestimmte Körperbereiche vor Schmutz, Nässe und Fremdkörpern. Die langen, festen Einzelhaare um die Lippen und an den Nüstern besitzen „Sensoren" an ihren Enden, die auf geringste Berührung reagieren. Man nennt sie Tasthaare.

Farben und Abzeichen

Wildpferde trugen ein unauffälliges Fellkleid, das der Umgebung, in der sie lebten, angepaßt war. In Moor- und Waldlandschaften herrschten dunkle Färbungen vor, in Steppen- und Gebirgsgegenden Fahlfarben. Man kann dies heute noch beim Przewalski-Pferd sehen und bei einigen recht urtümlich gebliebenen Ponyrassen.

Beim Hauspferd entwickelten sich durch die Vermischung verschiedener Rassen viele weitere Farbvarianten. So gibt es auch Glanz- und Schimmertöne, deutlich abgesetzte Zweifarbigkeit, Flecken- und Tupfenmuster. Nicht immer sind das Deckhaar und das Langhaar gleich gefärbt. Die Geburtsfarbe ist oft heller oder dunkler als die Färbung des erwachsenen Tieres, und Muster verschwinden oder entstehen erst später. Auch Pferdewildlinge haben „Buntfarben" über viele Generationen hinweg behalten. Für die einzelnen Farb„bereiche" gibt es feste Benennungen.

Brauner: ein Pferd mit hell- bis schwarzbraunem Deckhaar, oft mit schwärzlichen Beinen. Das Langhaar ist immer schwarz! Verbreitete Farbtöne: Hellbrauner, Brauner, Dunkelbrauner, Schwarzbrauner.

Fuchs: alle Braunabstufungen von Hellrotbraun bis Schwarzbraun. Mähne und Schweif sind gleichfarben oder heller, selten etwas dunkler, niemals jedoch schwarz! Dies ist der wesentliche Unterschied zum Braunen. Tönungen: Hell- oder Lichtfuchs, Fuchs, Goldfuchs, Schweiß- oder Rotfuchs, Dunkelfuchs.

Rappe: gleichmäßiges Schwarz des Fells und des Langhaars. Nuancen: Sommerrappe (im Sommer blauschwarz, im Winterfell bräunlich), Kohlrappe (stumpfes Tiefschwarz), Glanzrappe (sieht aus wie „gewienert"). Aber: ein Winterrappe ist ein Brauner, dessen Fell in der kalten Jahreszeit schwärzlich schimmert.

Schimmel: alle völlig oder teilweise weiß werdenden und gewordenen Pferde. Sie werden fast ausnahmslos dunkel- oder fahlfarbig geboren, teils mit wenigen weißen Härchen meist am Kopf. Bei neugeborenen Fohlen ist fast nie zu erkennen, ob sie „ausfärben" (umfärben, ausschimmeln), das heißt weiß werden. Die Umfärbung (das Ausschimmeln) beginnt häufig erst nach dem ersten Lebensjahr. Sie kann nach zwei bis drei Jahren abgeschlossen sein, sich aber auch über zehn Jahre hinziehen. Nicht alle Schimmel „verblassen" bis zum fleckenlosen Reinweiß! Und gelegentlich ist auch bei schneeweißen Schimmeln das Langhaar dunkel. Oft bleibt die Geburtsfarbe lebenslang als Mischfarbe gleichmäßig verteilt („gestichelt") im Weiß erhalten. Bei Pferden mit „Stichelhaar" sind auch Mähne und Schweif meist mischfarbig oder sogar einfarbig dunkel. Nach dem Farbschimmer, den die dunkle Farbe hervorruft, unterscheidet man: Grau-, Eisen- oder Silberschimmel, Blauschimmel, Braunschimmel, Rapp- oder Schwarzschimmel, Fuchs- oder Rotschimmel. Apfelschimmel tragen ein dunkles Ringmuster auf bereits hellem Untergrund. Häufig ist dies eine Phase auf dem Weg zum völligen Weißwerden. Ein Fliegenschimmel trägt dunkle Punkte im weißgewordenen Fell. Ein Atlasschimmel ist eine Rarität, denn er wird mit weißem Haar geboren, die Augen, die Haut und die Hufe sind dunkel.

Schecke: ein Pferd mit angeborener Mehrfarbigkeit. Die Farbmuster reichen von pünktchenartigen Flecken bis zu größeren Farbflächen. Diese können nochmals gefleckt sein. Der Name richtet sich nach der dominierenden Farbe im Langhaar: Es gibt den Schimmelschecken, den Fuchsschecken und den Braun- oder Rappschecken. Tigerschecken besitzen keine tigerähnlichen Streifen, sondern unterschiedlich große, unregelmäßig verteilte dunkle Flecken auf weißem Grund. Kopf und Gliedmaßen sind dunkel getönt. Beim Schabrackentiger ist nur die Kruppe gefleckt. Manchmal handelt es sich in Wirklichkeit um einen ausgefärbten „Fleckschimmel".

Falbe: Pferd mit weißlichgelbem bis mausgrauem Deckhaar und schwarzem Langhaar. Er ist die Vorstufe zum Braunen.

Isabelle, Palomino: weißlichgelbes bis goldgelbes Deckhaar, gleichfarbiges oder helleres bis silbrigweißes Langhaar möglichst ohne dunkle Strähnen. Er steht dem Fuchs nahe.

Albino: ein farblos geborenes Pferd mit Farbpigmentmangel. Das Haar ist weiß, die Haut erscheint rosa, weil Blutgefäße durchschimmern.

▲ Zwei Schimmel!

▸ Schecke (Pinto)

▲ Isabelle oder Palomino

▾ Bunt gemischt: Rappe, Brauner, Fuchs

Die Farben eines Pferdes können durch sogenannte Abzeichen ergänzt sein. Dazu zählt der Aalstrich. Dies ist eine dunkelbraune bis schwarze Linie auf dem Pferderücken. Sie zieht sich vom Mähnenkamm bis zur Schweifwurzel gerade durch. Zebrastreifen sind dunkle, unregelmäßig verlaufende Querstreifen an den Beinen. Diese beiden Abzeichen rechnet man zu den Merkmalen von Wildpferden, sie sind bis zu einigen Hauspferderassen „durchgeschlagen".
Helle, das heißt fast immer weiße Fellabzeichen kommen am Kopf und an den Beinen eines Pferdes vor. Außerdem gibt es besondere Maul- und Augenfarben. Abzeichen sind angeboren und verändern sich meist nicht. Deshalb werden sie auch in die Papiere eines Pferdes als „Erkennungszeichen" mit eingetragen.

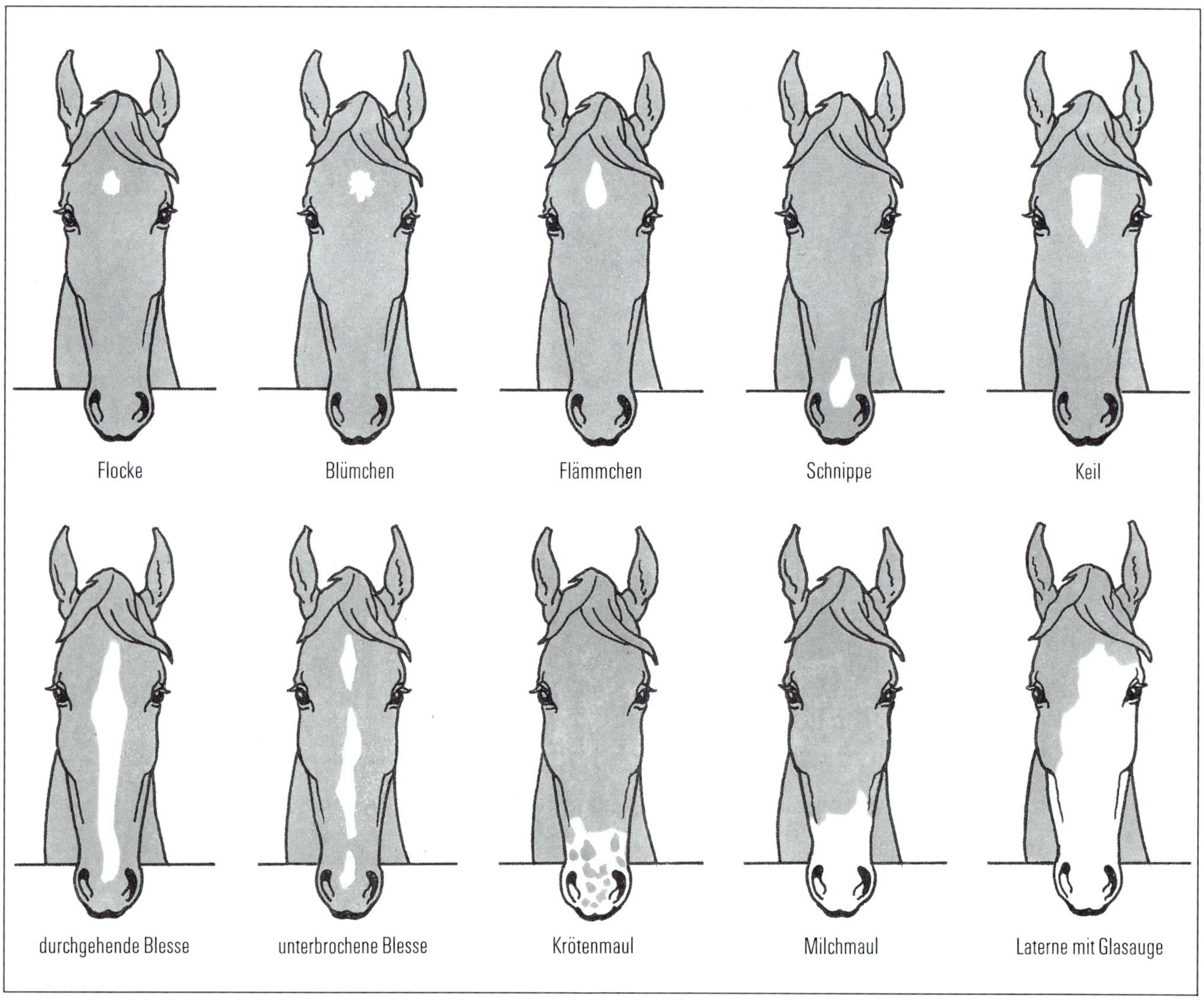

Reiterliche Redewendungen

Viele Redewendungen in der Umgangssprache beziehen sich auf Pferde und auf deren Nutzung. Jemand, der „über die Stränge (= Zugseile) schlägt“, verhält sich ungebärdig wie ein auskeilendes Zugpferd. Es nützt nicht immer, wenn man bei einem Luftikus „die Zügel strammer hält“ oder ihn (sie) „an die Kandare nimmt“, also mit Strenge auf ihn einzuwirken versucht.
Hat man sich im Beruf bereits „die ersten Sporen verdient“, so heißt das, daß man kein Anfänger mehr ist, sondern schon Erfahrungen gesammelt hat und Erfolge aufweisen kann. Manchmal wird man in irgendeiner Lebenslage „aufs falsche Pferd setzen“, also ähnlich wie es beim Wetten auf dem Rennplatz gehen kann, nämlich zum Beispiel von einem Menschen etwas Positives erhoffen, das dann nicht eintritt. Für die eine oder andere Entscheidung ist es deshalb besser, daß man sie nicht „aus dem Stegreif“ (= alter Begriff für Steigbügel!) trifft. Das bedeutet soviel wie unvorbereitet oder unüberlegt handeln oder entscheiden. Ursprünglich bezog sich das auf Anordnungen, die ein Reiter gab, bevor er absaß, also vom Sattel aus, mit den Füßen noch in den Steigbügeln.

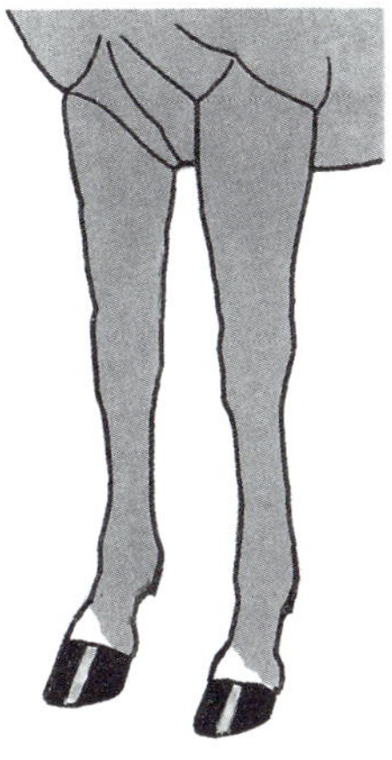
weiße Krone

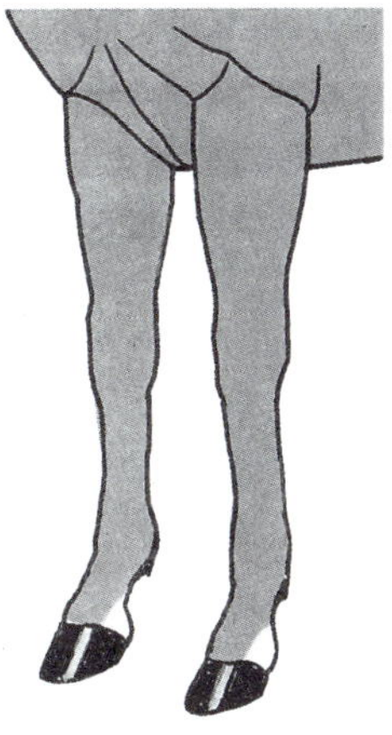
weißer Ballen

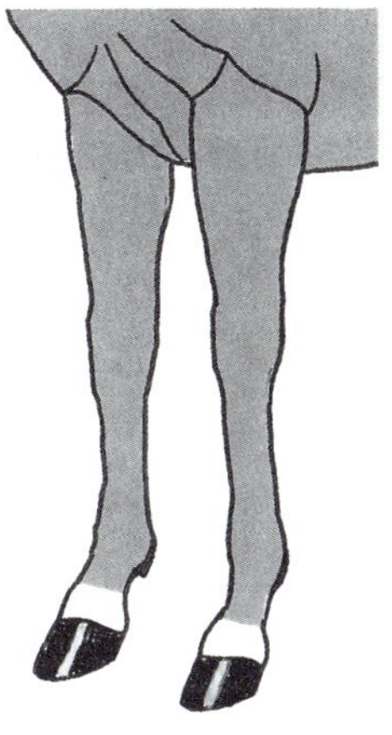
halbweiße Fessel

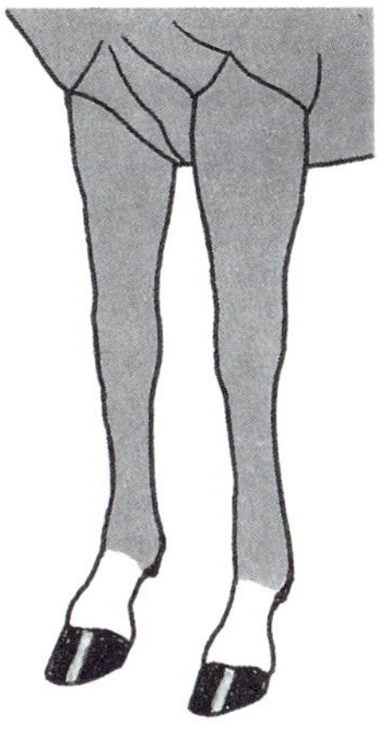
weiße Fessel

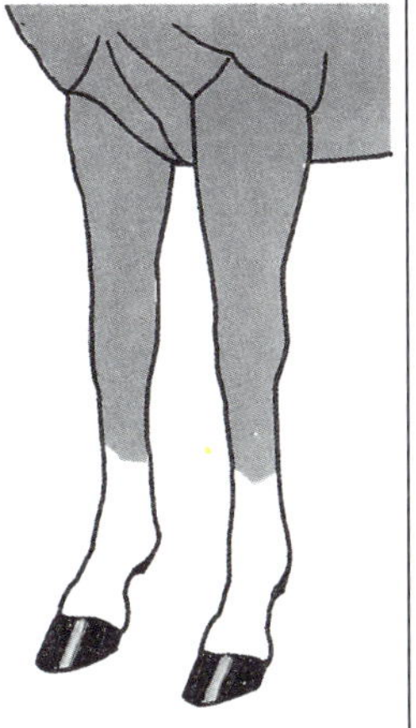
halbweißer Fuß

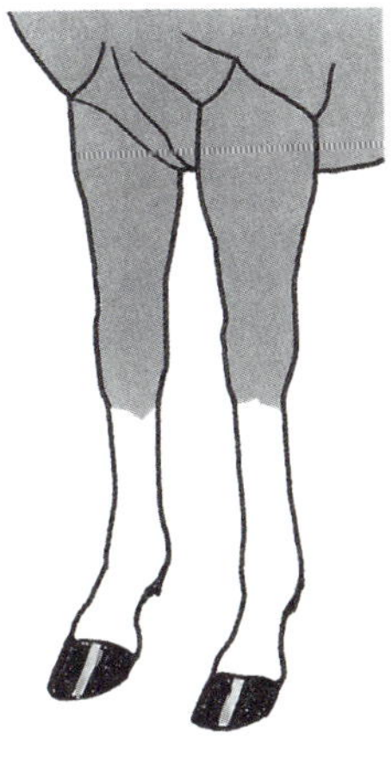
weißer Fuß

unregelmäßig hochgestiefelt

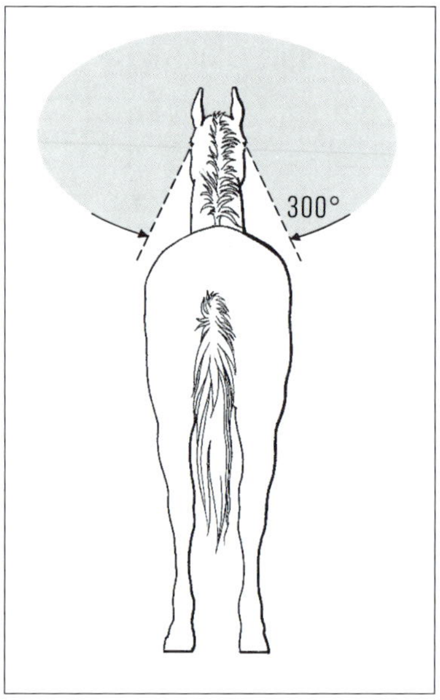

Gesichtsfeld des Pferdes

Nüstern geöffnet ...

... Nüstern zu

Ohne Huf kein Pferd

Pferde nennt man Einhufer oder auch Unpaarzeher. Sie laufen auf vier Beinen und jeweils *einer* Zehen*spitze*. Zwei Vergleiche dazu: Hunde treten mit *allen* Zehen *ganz* auf, der Mensch benutzt als „Sohlengänger" seinen Fuß von den Zehen bis zur Ferse.

Im Gegensatz zu Hund und Mensch sind beim Pferd die Zehenknochen und das dazugehörende Gewebe nicht mit Körperhaut oder Ballenpolstern ausgestattet. Bedingt durch das Eigengewicht der Pferde und ihren übrigen Körperbau wäre eine so dünne Schutzhaut bald „durchgelaufen". Deshalb hat sich in der jahrmillionenlangen Entwicklung eine andere Schutzschicht an den „Hauptzehen" gebildet, ein sogenannter Huf.

Er besteht aus Horn, einer stabilen, widerstandsfähigen Substanz (aus ihr sind auch die Hornschicht der Haut sowie Finger- und Zehennägel, Federn, Schuppen und Hörner gebildet!), und wächst ständig nach. Der Huf umschließt die Zehe seitlich fast rundum als „Wand", unten als durchgehende „Sohle" (die keine Fuß-, sondern nur eine Zehensohle ist). Die äußeren Schichten bestehen aus abgestorbenen Zellen und sind deshalb schmerzunempfindlich.

Die vorderen Hufe sind rundlich, die hinteren Hufe mehr oval geformt. Die Farben der Hufe reichen von weißlich über Beige- und Brauntöne bis zu Schwarz. Mehrfarbigkeit an einem Pferd, ja an einem Huf kommt vor.

Bestens bei Sinnen

Wie wir Menschen können Pferde sehen, hören, riechen, schmecken, tastfühlen. Aber ihre Sinne sind, anders als bei uns, noch ganz auf das Leben in der Wildnis eingestellt.

Von allen Landtieren haben Pferde die größten Augen. Sie sind nicht nach vorn gerichtet, sondern liegen seitlich am Kopf. So hat ein Pferd ein Gesichtsfeld von über 300 Grad, also beinahe Rundumsicht. Den kleinen Winkel, der nicht einsehbar ist, kann es leicht durch geringe Kopfbewegungen ausgleichen. Dadurch ist es ihm möglich, herannahende Tiere, Menschen und Fahrzeuge aus fast allen Richtungen frühzeitig zu erkennen. Pferde sehen auch auf kürzere Entfernungen und in der Nähe ausgezeichnet. Sie erkennen vertraute Menschen am Gang und merken recht gut, ob man etwa ein Halfter oder einen leckeren Apfel in der Hand hält. Daß Pferde Farben unterscheiden können, gilt als sicher.

Nichts Besonderes zu hören

Hinten rechts tut sich was

Die Unmutsreaktion darauf

Pferde besitzen ein feines Gehör. Die „tütenförmigen“ Ohren sind unabhängig voneinander beweglich. Pferde können nicht nur das Wiehern von Artgenossen unterscheiden, sondern auch menschliche Stimmen und deren Tonfall. Auf gewohnte und erträgliche, für sie bedeutungslose Geräusche reagieren sie oft nicht mehr. Schrille Töne, plötzlicher Krach, aber auch leise, undefinierbare Geräusche (zum Beispiel Flüstern!) machen ihnen dagegen meist angst.

Der Geruchssinn läßt Pferde zu Artgenossen finden und sie als Herdenmitglieder oder Paarungspartner erkennen. Er dient auch der Witterung von Menschen und fremdartigen Tieren, von Wasser und Futter. Zur Begrüßung beschnuppern sich Pferde gegenseitig, und wenn sie sich „gut riechen“ können, gehen sie freundschaftlich miteinander um. Steigt ihnen ein besonders angenehmer oder ein neuer, interessanter Duft in die Nüstern, „saugen“ sie ihn mit hochgestülpter Oberlippe ein. Man nennt dies „Flehmen“.

Die Lippen, die Maulhöhle und die Zunge sind Organe des Geschmackssinns und des Tastsinns. Nicht jedes Pferd frißt jedes Futter, sogar beim Trinkwasser sind Pferde oft ziemlich wählerisch, besonders bei einem Ortswechsel. (Allerdings spielt auch der Geruchssinn dabei eine Rolle.) Mit dem Maul ertasten Pferde die Form von Dingen, zum Beispiel von Fremdkörpern im Futter – leider nicht immer – und können sie dann ausspucken.

Der Tastsinn in der äußeren Haut wird durch die Fellhaare nicht beeinträchtigt. Sie übertragen Berührungen auf die Hautnerven. Streicht man sacht über das Fell, dann zuckt die Haut an der betreffenden Stelle.

Die Lebenserwartung

Rund elf Monate vergehen von der Zeugung bis zur Geburt eines Pferdes. Mit fünf bis sechs Jahren sind Pferde ausgewachsen. Bei jüngeren Tieren befinden sich die Knochen, die Muskulatur und die Organe noch in der Entwicklung. Wenn man Pferde zu früh und zu stark beansprucht, erreichen sie oft nur ein Alter von zehn oder zwölf Jahren. Gut gehaltene Hauspferde können über 30 Jahre alt und bis ins hohe Alter (maßvoll) zum Reiten oder zur Arbeit eingesetzt werden. In höherem Alter sehen Pferde meist etwas „eckig“ aus und bekommen einen Senkrücken. Die Haut und die Muskeln sind weniger straff, die Augen- und die Nüsternhaare „ergraut“. Von Natur aus haben Pferde eine Lebenserwartung von bis zu 40 Jahren!

Kleines Quiz für Pferdekenner über den Körperbau und die Sinne der Pferde
(Auflösung auf Seite 144)

1. Wie viele Knochen hat ein Pferd?
   a) rund 350
   b) rund 200
   c) rund 250

2. In welchem Alter hat ein Pferd sein komplettes Dauergebiß?
   a) mit etwa 5 Jahren
   b) mit etwa 9 Monaten
   c) mit etwa 1 Jahr

3. Wie sieht ein Falbe aus?
   a) weißlichgelbes bis mausgraues Deckhaar, schwarzes Langhaar
   b) weißlichgelbes Deckhaar, helleres bis silbrigweißes Langhaar
   c) hellbraunes Deckhaar, schwarzes Langhaar

4. Wie nennt man die dunkle Linie auf dem Pferderücken?
   a) Pigmentierung
   b) Aalstrich
   c) Mähnenkamm

5. Das Pferd hat ein Gesichtsfeld von rund...
   a) ...100 Grad
   b) ...200 Grad
   c) ...300 Grad

6. Wie alt können Pferde maximal werden?
   a) 15 Jahre
   b) 20 Jahre
   c) bis zu 40 Jahre

Ausdrucks- und Verhaltensweisen

Weißt du, was es zu bedeuten hat, wenn ein Pferd seine Ohren anlegt?
Pferde können Stimmungen oder Absichten mit Lauten, Körper- und Duftsignalen ausdrücken.

Sprache ohne Worte

Obwohl Pferde nicht wie Menschen sprechen können, sind sie nicht „sprachlos". Sie können ihre Gefühle, Stimmungen und Absichten sehr gut ausdrücken und sich damit ihren Artgenossen verständlich machen. Ihre Sprache ohne Worte besteht aus einer reichhaltigen Palette von Lauten, Körper- und Duftsignalen. Pferde verstehen fast alle dieser Ausdrucksformen von Geburt an. Pferdefreunde können zumindest ein gut Teil davon kennenlernen, wenn sie genau hinhören und hinsehen.

Wiehern ist die spezielle Lautäußerung der Pferde. Je nach Anlaß wiehern sie jedoch auf recht unterschiedliche Weise. Dazu kommt noch eine Skala weiterer Laute. Fohlen haben anfangs nur ein ganz feines Stimmchen, mit dem sie ihren Hunger anmelden oder ängstlich nach ihrer Mutter rufen. Eine Mutterstute lockt ihr Kind mit besorgtem Wummern, mit anderen Lauten kann sie es beruhigen.

Freudig, manchmal auch erleichtert über das Ende des Alleinseins hört sich das Begrüßungsgewieher eines Pferdes an, dem Stallgenossen oder bekannte Menschen entgegenkommen. Verängstigte Pferde schnauben oder wiehern verzweifelt, und bei einer Trennung von eng verbundenen Pferden ist der gewieherte Protest unüberhörbar.

Mit schmetterndem Schrei macht sich ein Hengst benachbarten Stuten gegenüber bemerkbar. In der Abwehr gegen Artgenossen quieken und quietschen Pferde immer wieder durchdringend. Stuten in den Geburtswehen und verletzte oder schwerkranke Pferde stöhnen oft heftig vor Schmerz. Das Gebrummel vieler Stallpferde, wenn die Futterzeit naht, klingt ungeduldig in Erwartung baldiger Genüsse. Lautäußerungen werden stets durch die Körperhaltung und die Mimik ergänzt.

Umgekehrt kann aber die Körpersprache durchaus auch lautlos vor sich gehen. Besonders „sprechend" sind die Ohren, das Maul und die Nüstern, der Schweif, die Haltung von Kopf und Hals und natürlich die Körperbewegungen in ihrem Zusammenspiel.

Ob das Mädchen versteht, was das Pferd ihm mit seiner Körpersprache signalisiert?

Geruchliche Informationen können Pferde sowohl empfangen wie aussenden. Die Verdauungsprodukte eines Pferdes riechen nicht nur nach ihren Zersetzungsstoffen; sie geben – in den Nasen seiner Artgenossen – auch Auskunft über sein Geschlecht und seinen Zustand. Sie werden deshalb meist sehr intensiv berochen. Pferde können Angstschweiß ausströmen und wittern, Stuten geben während der Rosse Duftsignale für die Hengste ab. Die menschliche Nase kann die Feinheiten in diesem „Sprachbereich" nicht wahrnehmen.

Gemeinschaft ist wichtig

Pferde sind sozial, das heißt gesellig veranlagt. Im Wildleben bilden sie Familien, das sind kleine festgefügte Gemeinschaften. Eine Familie besteht aus einer bis etwa acht Stuten, deren Fohlen und einem erwachsenen Hengst. Fressen, Wandern, Ruhen – alles wird gemeinsam gemacht. Geschlechtsreif gewordene Hengste müssen sich jedoch von ihrer Familie trennen – ihr Vater verjagt sie. Selten wandern sie als Einzelgänger weiter. Meist finden sich bald mehrere von ihnen zusammen und bilden für einige Zeit eine „Notgesellschaft". Sie löst sich nach und nach auf, wenn die jungen Hengste Stuten aus fremden Familien entführt haben und eine eigene Familie gründen können. Dafür müssen sie aber oft erst hart kämpfen.

Auch Pferde, die regelmäßig gemeinsam eine Weide benützen, entwickeln ein Gefühl der Zusammengehörigkeit untereinander. Die Gemeinschaft gibt ein Gefühl der Sicherheit, Alleinsein verunsichert. Nur wenige Hauspferde sind ausgesprochene Einzelgänger, die lieber Abstand zu ihren Artgenossen halten.
Pferde, die ausschließlich im Stall gehalten werden, müssen ihren Herdendrang weitgehend unterdrücken. Denn nicht nur die Anwesenheit von Artgenossen ist wichtig, sondern auch der Umgang mit ihnen.
In Notzeiten oder auf eingegrenzten Flächen schließen sich außerhalb der Paarungszeit manchmal mehrere freilebende Familien zu einem größeren Verband zusammen. Die einzelnen Familien halten dabei aber meist etwas Abstand zu den Nachbarn. Oft überschneiden sich die Aufenthaltsgebiete mehrerer Familien, doch es gibt deswegen keine Auseinandersetzungen. Wenn eine Pferdefamilie an einer Wasserstelle trinkt oder badet, wartet eine andere Kleingruppe auch längere Zeit geduldig, bis die erste den Platz verläßt. Diese Duldung ist besonders ausgeprägt bei Pferden wasserarmer Gegenden.

Keine Gleichberechtigung

In jeder Gemeinschaft (auch) von Pferden gibt es Regeln zum Sozialverhalten, dem Umgang der einzelnen Tiere untereinander. Dazu gehört die Rangordnung (Hierarchie). Jedes Pferd nimmt einen bestimmten sozialen Platz ein und weiß, was es tun darf und was nicht. Je höher der Rang, um so mehr Rechte hat das Tier. Ein hochrangiges Pferd kann sich Freß- und Schlafplätze vor den anderen aussuchen. Es darf rangniedere Familienmitglieder davon vertreiben und auf Wegen und durch Verengungen vor ihnen gehen. Vor allem die noch nicht geschlechtsreifen Tiere müssen sich den älteren Familienmitgliedern

Einer paßt immer auf.

unterordnen. Man kann dies recht gut beobachten, wenn Pferde von der Weide geholt werden und dabei ein enges Gatter passieren müssen.
Uneingeschränktes Oberhaupt in einer natürlichen Pferdefamilie ist der Hengst. Wo ein männlicher Anführer fehlt, zum Beispiel in Wildgestüten außerhalb der Deckzeit, übernimmt die Leitstute, das ist meistens das älteste weibliche Familienmitglied, die Führung.
Das Leittier bestimmt, in welche Richtung gewandert wird. Zu seinen Aufgaben gehört es auch, anhaltende Rangeleien unter den anderen Pferden zu schlichten und einzelne Tiere, die sich zu weit von der Gruppe entfernt haben, zurückzuholen. Ist es ein Hengst, dann verteidigt er in der Paarungszeit seine Altstuten vor Rivalen und seine Töchter vor „Entführern". Besonders den älteren Hengsten gelingt das aber nicht immer, und das ist von der Natur auch so vorgesehen.
Wenn die Herde flieht, läuft der Leithengst nicht vorneweg, sondern bleibt an ihrem Ende. Er deckt den Rückzug, treibt aber auch Nachzügler und schwächere Tiere an. Kommt der wirkliche oder vermeintliche Feind zu nahe heran, dann stellt er sich ihm in den Weg und greift ihn an.
Die zweite in der Rangfolge ist die Leitstute. Sie führt die Herde bei einer Flucht ebenso wie bei einer Wanderung an. Selbst wenn die Pferde anfangs wild durcheinander davonlaufen, ordnen sie sich später hintereinander nach Alter und Rang. Stuten mit Fohlen haben normalerweise Vorrang gegenüber tragenden oder güsten Stuten.
Wenn bei Hauspferden kein Hengst dabei ist, kann Ranghöchster ebenso ein Wallach wie eine Stute werden. Kraft und Körpergröße spielen nicht immer die ausschlaggebende Rolle, um einen hohen Rang einzunehmen. Notwendig sind auch Selbstbewußtsein, Mut und Durchsetzungsvermögen. Pferde mit einem ausgeglichenen, aber sanften Gemüt nehmen meist die mittleren Positionen in der Rangordnung ein, hinten rangieren die scheuen, unsicheren Tiere.
Ein neues Pferd in der Herde landet automatisch erst einmal auf dem hintersten Platz. Manchmal sind die „alteingesessenen" Pferde anfangs recht unduldsam und ruppig zu dem Neuling, giften ihn an und drängen ihn immer wieder abseits. Erst nach einiger Zeit darf er sich ihnen anschließen. Gelegentlich ist jedoch die Unverträglichkeit so groß, daß man das neue Pferd wieder aus der Herde nehmen muß.

Nicht immer sanft und friedlich

Bei einer freundlichen Begrüßung richten Pferde ihre Ohren nach vorn, blähen die Nüstern und beschnuppern sich gegenseitig freundlich. Wenn jedoch einem Pferd die Annäherung eines (rangniedrigen) Artgenossen nicht paßt, bringt es dies durch Drohgebärden zum Ausdruck. Pferde drohen auch Menschen und fremdartigen Tieren. Die leichteste Form von Unmut ist das kurze Zurücklegen der Ohren. Bei einer ernsthaften

Freundliche Aufforderung an den Platzgenossen: Laß uns doch ein bißchen balgen!

Äußerst gereizt: Du gehst da nicht weg, also beiß' ich dich!

„Gemischte" Gefühle – Neugier paart sich mit dem Signal zur Friedfertigkeit an den Fotografen.

Beißdrohung streckt das Pferd den Hals und den Kopf waagrecht vor, die Ohren sind fast nicht mehr zu sehen, die Nüstern verengen sich zu querovalen Schlitzen, und die Schneidezähne werden entblößt. Der Schweif schlägt in einem abgehackten Takt. Im Freien läuft ein drohendes Pferd oft gleichzeitig auf den Angedrohten zu. Wenn dieser nicht zurückweicht oder sich unterwürfig zeigt, wird er unweigerlich gebissen! Dreht das „belästigte" Pferd dem Herankommenden das Hinterteil zu und hebt ein Hinterbein, heißt es ebenfalls, sofort auf Abstand zu gehen. Sonst wird aus der Schlagdrohung ein gezielter Schlag mit dem Huf.

Ein Fohlen, das einem erwachsenen Herdengenossen zu nahe kommt und von ihm angedroht wird, versucht ihn durch unverwechselbare Unterwürfigkeits- oder Unterlegenheitssignale „milde" zu stimmen. Es hebt ruckartig den Kopf, die Nüstern sind geweitet und die Ohren rückwärts-seitwärts abgestellt. Der Schweif ist ängstlich zwischen die gesenkten Hinterbeine geklemmt. Dazu klappt das Pferdekind mehrmals die Kiefer aufeinander und „schmatzt" mit der Zunge.

Erwachsene Pferde zeigen ihre Unterwürfigkeitsbereitschaft an, indem sie ihre Ohren seitlich, manchmal bis zur Waagrechten stellen und den Schweif einklemmen. Meist wird das aggressive Tier durch solche Unterwerfungsgebärden „beschwichtigt", spätestens aber, wenn das angedrohte Tier den Rückzug antritt.

In bestimmten Situationen ist ein richtiger Kampf jedoch zwangsläufig. Das kann dann der Fall sein, wenn ein rangniederes Pferd selbstbewußter geworden ist. Es fordert dann ein ranghöheres Tier geradezu heraus, indem es sich nicht vom Freßplatz verscheuchen läßt. Stuten wenden sich nach erfolgloser Drohung rückwärts gegen das andere Pferd, schubsen mit dem Hinterteil und keilen mit den Hinterhufen aus. Unter wütendem Quieken lassen sie ein wahres Trommelfeuer der

Die Dülmener Wildlinge

Im späten Mittelalter entstanden in vielen Sumpfgebieten Westfalens, den „Brüchen", sogenannte Wildgestüte oder Wildbahnen. Meist waren es die Feudalherren, die sich den Besitz an den Wildpferden sicherten, die in diesen Gebieten wahrscheinlich schon seit Urzeiten beheimatet waren. So legte 1316 der Herr von Merfeld sein Recht an den auf seinem Land lebenden Pferden urkundlich fest. Im 19. Jahrhundert wurden die meisten Wildgestüte aufgelöst. Der Merfelder Bruch wurde aufgeteilt, ein Teilgebiet fiel an die Herzöge von Croy. Etwa 20 Wildbahnpferde gehörten dazu, sie wurden weiter „wild" gehalten und vermehrten sich. So blieb das einzige Wildgestüt des europäischen Kontinents bestehen, das sich heute noch in ununterbrochener Reihenfolge auf einen historischen Ursprung zurückführen läßt. Die Pferde wurden nach der nahe gelegenen Stadt Dülmen benannt.
Um Wildpferde im zoologischen Sinn handelt es sich bei den „Dülmenern" nicht. Vermischungen mit entlaufenen Hauspferden hinterließen schon vor Jahrhunderten Erbmerkmale domestizierter Tiere, zum Beispiel Hängemähne, Stirnschopf, unterschiedliche Farben, weiße Abzeichen. Zur Blutauffrischung werden heutzutage Hengste von Ponyrassen aus ganz Europa eingesetzt. Drei Farben dominieren: Dunkelbraune, oft mit „Mehlmaul", Mausgraue und Falben mit Aalstrich und Zebrastreifen. Daneben gibt es auch andere Färbungen, aber kaum Schimmel. Die durchschnittliche Größe liegt zwischen 125 und 135 cm.
Die etwa 180 bis 200 Wildlinge leben sommers wie winters im Freien. Im Merfelder Bruch wechselt Hochwald mit Niederwald, beide teilweise im Urzustand belassen. Vereinzelte Buschbestände auf Sumpfboden gehen über in Heide. Zwischendrin liegen große Wiesen mit Gräsern und Kräutern. Die moorigen Weideflächen bieten nur nährstoffarmes Futter, das die Pferde aber gut verwerten. Nur bei tiefem Schnee und sehr hartem Frost wird mit Heu und Stroh zugefüttert. Ansonsten sind die Pferde völlig auf sich gestellt. Alljährlich am letzten Sonnabend im Mai werden die im Jahr zuvor geborenen Hengste aus der Herde herausgefangen und öffentlich versteigert. Dadurch wird Inzucht verhindert und die Anzahl der Pferde begrenzt. Die versteigerten Pferde können später zum Reiten oder Fahren ausgebildet, teils auch zur Zucht bei anderen Rassen eingesetzt werden.
Zum „Wildpferdefang" werden alle Pferde des Merfelder Bruchs – außer den Jährlingshengsten auch die unbelegten Jungstuten, die tragenden Stuten und Mutterstuten mit ihren neuen Fohlen – auf eine Fläche getrieben, die bei großen Zuschauertribünen endet. Eine größere Anzahl von Männern versucht dann, die Jährlingshengste von den Stuten zu trennen und ihrer habhaft zu werden – ein Spektakel, das nicht immer gerade pferdefreundlich wirkt. Danach kehrt die übrige Herde in den Bruch zurück. Sie ist aufgeteilt in Familienverbände, die jeweils von einer Altstute angeführt werden. Nach dem Fangtag werden die Zuchthengste eingesetzt, sie bleiben nur bis zum September. Dann führen die Stuten das Regiment wieder allein.
Die neuen Fohlen kommen in der Zeit von April bis August des darauffolgenden Jahres zur Welt. Am meisten macht den Wildlingen naßkaltes, windiges Wetter zu schaffen. Fohlen und junge tragende Stuten fallen ihm am häufigsten zum Opfer. Die zähesten Stuten erreichen dagegen oft ein Alter von 30 Jahren. Während des Sommers ist ein kleiner Teil des Bruchs, in dem sich einige der Pferde aufhalten, für Besucher zugänglich.

In Aufzuchtgruppen können gleichaltrige Junghengste spielerisch den „Ernstfall" proben.

Hufe auf Brust, Schulter, Kruppe oder Flanke des Kontrahenten oder der Geschlechtsgenossin niederprasseln.
Ein Wallach oder ein neu zur Herde gekommener Hengst geht gegen Stuten vor allem mit Jagen und Beißen vor.
Besonders heftig treten Hengste gegeneinander an. Fast immer dreht es sich dabei um das weibliche Geschlecht. Dem eigentlichen Hengstkampf geht stets das sogenannte Imponiergehabe voraus, ein Auftreten, das den Gegner von der unüberwindbaren Stärke des anderen überzeugen soll. Mit hochgewölbtem Hals und bösem Gesichtsausdruck nähern sich die Gegner in einer Art Stechtrab, umkreisen und beriechen sich, stampfen mit den Vorderhufen auf den Boden. Falls jetzt bereits einer „klein beigibt" und den Schauplatz verläßt, ist die Angelegenheit geklärt. Andernfalls wird unerbittlich gekämpft. Hengste steigen, schlagen mit den Vorderhufen und versuchen sich gegenseitig niederzuringen. Sie rempeln und stemmen sich gegeneinander, beißen in die Beine und in die Weichteile des Gegners. Ein ernsthafter Kampf spielt sich keineswegs lautlos ab, sondern wird meist von regelrechtem Zorngeschrei untermalt. Und er bleibt selten ohne Blessuren, vor allem entstehen Haut- und Fleischwunden. Zum unmittelbaren Tod eines Kämpfers kommt es jedoch kaum. Doch können Hufschläge – auch von Stuten – im schlimmsten Fall zu Knochenbrüchen führen, die das verletzte Pferd nicht überlebt, weil es nicht mehr laufen kann. Ansonsten sucht der Verlierer sein Heil in der Flucht und wird dann meist vom Sieger noch ein Stück gejagt.

Freundschaften und Feindschaften

Die Rangordnung hindert Pferde nicht daran, untereinander enge Freundschaften zu schließen. Fohlen spielen oft nur mit einem bestimmten

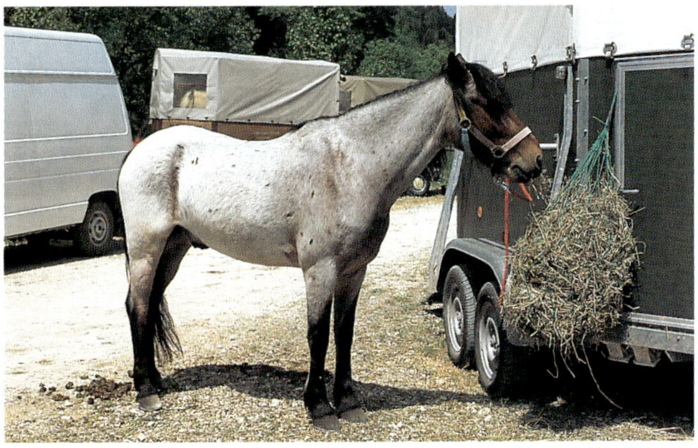

▲ **Allein herumstehen ist ungemütlich!**

▲ **Ob man mit dem herumrennen kann?**

Altersgenossen, obwohl eine ganze Schar Gleichaltriger vorhanden ist. Erwachsene Pferde, die sich besonders mögen, sind duldsamer zueinander, grasen, dösen und laufen gemeinsam. Sie haben ein ähnliches Temperament und oft sogar ein ähnliches Aussehen. So finden sich besonders häufig Pferde gleicher Größe und Fellfarbe. Sehr eng bleiben meist auch die Beziehungen zwischen einer Stute und ihren Fohlen, die auch als Erwachsene mit ihr zusammen gehalten werden. Wenn man einem Pferd, aus welchen Gründen auch immer, keine Artgenossen zugesellen kann, sollte es wenigstens einen „Ersatzgenossen" bekommen. Pferde freunden sich oft mit Ziegen oder Schafen an. Sie können ohne weiteres gemeinsam mit Rindern weiden. Selbst Katzen haben oft ein inniges Verhältnis zu Pferden. Aber dies ist immer nur ein Notbehelf gegen das unnatürliche Alleinsein eines Pferdes. Tiere anderer Arten haben andere Bedürfnisse und können nie ein vollwertiger Partner für ein Pferd sein.

▼ **Mit der Freundin döst sich's am schönsten.**

Das mögen Pferde: Gemeinsam grasen ...

... gemeinsam über die Koppel jagen!

So wie unter Pferden eine besondere Zuneigung entstehen kann, kommt es gelegentlich auch zu anhaltenden Abneigungen. Bei jeder Gelegenheit wird dann der „ungeliebte" Artgenosse geschubst, gezwickt oder abgedrängt. Auch fremdartige Tiere erwecken nicht immer Sympathie oder einfach Gleichgültigkeit. Besonders gegenüber Hunden gibt es sehr unterschiedliche Verhaltensweisen. Zwar sind viele Pferde gut mit Hunden vertraut und werden bei Ausritten oft von solchen „Mitläufern" begleitet. Manchen Pferden sind sie jedoch aufs heftigste verhaßt, sie gehen auf jeden Hund mit Zähnen und Hufen los. Viele Pferde haben jedoch Angst vor (fremden) Hunden, besonders solchen, die laut bellend hinter ihnen herjagen.

Abwehrstrategien

Pferde werden oft als Fluchttiere bezeichnet, obwohl sie nur einen ziemlich geringen Teil ihres Lebens auf der Flucht sein müssen. Die Bezeichnung rührt daher, daß Wildpferde, wie Zebras heute noch, zur Nahrung von beutejagenden Tieren gehören. Auch Wildlinge fallen in abgelegenen Gegenden gelegentlich noch größeren Beutejägern, sofern diese nicht schon völlig ausgerottet wurden, zum Opfer. In der Regel handelt es sich um alte oder kranke Tiere, die nicht mehr schnell genug sind, um entkommen zu können.
Wildlebende Pferde fliehen im allgemeinen nur so weit und so schnell wie nötig. Sie müssen mit ihren Kräften haushalten und verausgaben sich nach Möglichkeit nicht. Außerdem verteidigen sie sich oft auch aktiv. Pferdemütter bilden einen Kreis um ihre Fohlen, drehen ihre Kehrseite nach außen und wehren den Angreifer durch gezielte Hufschläge ab. Hengste gehen mit Vorder- und Hinterhufen auf ihn los. Selbst ein bereits attackiertes Tier kann sich unter Umständen noch durch Auskeilen und anschließende Flucht retten. Nur in der größten Not, wenn zum Beispiel ein Tier, vor dem sie Angst haben, unvermutet ganz nahe bei ihnen auftaucht, fliehen Pferde im Freileben erst einmal in panischem Schrecken wild durcheinander. Meist schon nach wenigen hundert Metern legt sich jedoch die Panik. Aber wenn eine Wildlingsherde von Menschen auf schnellen Hauspferden, vom Auto oder gar vom Hubschrauber aus gejagt wird, laufen die Pferde, die noch nicht gefangen oder getötet wurden, bis sie vor Erschöpfung zusammenbrechen.
Wohlgenährte Hauspferde auf der Weide bekommen dagegen oft wie aus heiterem Himmel einen „Anfall" von Bewegungsdrang. Ein Pferd reckt den Kopf, trabt an und verfällt in einen wilden Galopp. Dann geht ein Ruck durch die ganze Herde. Alle lassen sich von der Lust am Rennen anstecken, rasen los wie um die Wette, buckeln und keilen vor Übermut aus. Selbst Stuten, die Fohlen führen, verfallen mitunter in einen solchen „Bewegungsrausch", dem sich ihre Kinder so überrascht wie begeistert anschließen. Auslöser scheint nichts anderes zu sein als einfach die Freude am Laufen.

Kleines Quiz für Pferdekenner über Ausdrucks- und Verhaltensweisen der Pferde
(Auflösung auf Seite 144)

1. Wer führt eine Pferdefamilie an, wenn ein Leithengst fehlt?
   a) eine Leitstute
   b) ein Hengstfohlen
   c) kein Tier

2. Was ist die häufigste Lautsprache der Pferde?
   a) Wummern
   b) Wiehern
   c) Schnauben

3. Pferde können ...
   a) ... nur mit Pferden gehalten werden
   b) ... mit anderen Haustieren gehalten werden
   c) ... nur allein gehalten werden

4. Hengste kämpfen am häufigsten miteinander ...
   a) ... um die Rangordnung in der Herde
   b) ... um das Futter
   c) ... um eine Stute

5. Pferde, die ihre Ohren seitlich stellen und und den Schweif einklemmen ...
   a) ... sind ängstlich
   b) ... zeigen ihre Unterwürfigkeit
   c) ... sind übermütig

6. Auf welche Weise wehren sich Pferde hauptsächlich?
   a) durch Schubsen
   b) durch Anspucken
   c) mit Beißen und Ausschlagen

Nahrung, Pflege, Erholung

Wälzen, sich scheuern, eine Stelle mit dem Hinterhuf kratzen –
so pflegen Pferde ihr Fell selbst.
Oder sie lassen sich von einem Putzpartner verwöhnen.
Aber natürlich ist regelmäßiges Putzen durch den Reiter unerläßlich.

In Wildgestüten wie hier auf Island leben die Pferde fast ausschließlich von Gras.

Speiseplan nach der Natur

Hauptnahrung der Pferde ist Gras, aber auch Wasser ist lebensnotwendig für sie. Vom Nahrungs- und Wasserangebot hängt es ab, wie weit freilebende Pferde täglich und zu den verschiedenen Jahreszeiten herumstreifen müssen. Zu einer Tränke, zu Freß- wie zu Schutzplätzen führen oft uralte, ausgetretene Pfade, sogenannte Wechsel. Auf ihnen wandern die Pferde im Gänsemarsch zum angestrebten Ziel.

Wenn man Pferden auf der Weide längere Zeit zuschaut, bemerkt man, daß sie gemächlich, aber ziemlich ausdauernd grasen. Wissenschaftliche Beobachtungen haben ergeben, daß Pferde im Freileben täglich etwa zwölf Stunden (verteilt auf mehrere „Mahlzeiten") mit dem Fressen beschäftigt sind, also die Hälfte des Tages. Das hat mit ihrem Verdauungssystem zu tun. Auf nährstoffarmen, kargen Weiden dauern die täglichen Freßzeiten sogar bis zu 16 Stunden. Pflanzen sind in ihrem Nährstoffgehalt längst nicht so ergiebig wie Fleischkost, deshalb braucht ein Tier eine sehr viel größere Menge davon. Pferde grasen langsam und suchen sich oft auch sehr gezielt nur die schmackhaftesten Gräser, Kräuter und Blüten aus. Sie kauen und mahlen sorgfältig, um die ballastreiche Nahrung gut zu zerkleinern. Nur so wird sie verdaulich. Selbst ein hungriges Pferd schlingt nicht gierig Gras in sich hinein. Außerdem sollen möglichst alle Nährstoffe aufgeschlossen werden.

Auf der Speisekarte von Pferden im Freiland steht auch noch eine ganze Reihe anderer Naturprodukte: Grassamen, Wildgetreide (Hirse, Hafer, Gerste), Heidekräuter, Wurzeln, Zweige, Äste und Blattlaub, ja sogar Baumnadeln und Baumrinden. Pferde nehmen auch gern Wurzeln, Gemüse, Baum- und Strauchfrüchte, etwa Äpfel, gelbe Rüben, Bucheckern und Eicheln. Manche Pferde fressen sogar tierische Kost als Zugabe, zum Beispiel Fisch oder rohe Eier.

Pferde müssen wie Menschen täglich trinken. Der Wasserbedarf hängt vom Wetter ab, von der Bewegung und Beanspruchung, vom Futter. Im Freileben müssen Pferde oft weite Wanderungen unternehmen, um an genießbares Wasser zu gelangen. Natürlich trinken auch Pferde am liebsten sauberes, wohltemperiertes Wasser. Im Notfall begnügen sie sich mit weniger reinem Wasser, etwa aus Pfützen oder stehenden Gewässern. Verschiedentlich ist beobachtet worden, daß Pferde in der Not sogar Brackwasser trinken, das ist ein Gemisch aus Süß- und Salzwasser, wie es zum Beispiel in Mündungsgebieten am Meer vorkommt, ja sogar Brandungsmeerwasser. Przewalski-Pferde sollen sich bei großer Wassernot sogar Wasserlöcher gegraben haben, um an Grundwasser heranzukommen. In Schneegebieten fressen Pferde auch Schnee, wenn sie kein Wasser mehr finden, oder sie brechen mit den Hufen die Eisdecke über einem Bach oder Tümpel auf.

Pferde schlabbern nicht wie ein Hund oder eine Katze das Wasser mit der Zunge, sondern saugen es ein. Fohlen müssen dieses Saugschlürfen erst lernen, denn das Milchtrinken bei der Mutter geht anders vor sich. Meist steht ein Pferdekind erst einmal etwas ratlos am Bach oder an der Tränke. Dann beißt es in das Wasser hinein oder taucht das Mäulchen zu tief ein. Wenn es aber dann begriffen hat, wie die Sache funktioniert, wirkt es sehr zufrieden.

Herkömmliches und „modernes“ Futter

Die natürlichste Ernährung auch für Hauspferde ist Grün- oder Frischfutter, also Weidegras und frischer Grasschnitt. Außerhalb der Wachstumszeit und für Stallpferde nimmt man Gras-„Konserven“. Sie sind wesentlich länger haltbar als das Frischgut, Eiweiß und andere Nährstoffe gehen aber teilweise verloren. Meist ist dies Heu, also das luftgetrocknete Gras. Es muß mehrere Wochen abgelagert sein. Silageheu (Gärfutter, Sauerfutter) wird durch Milchsäuregärung haltbar

Holzfutter „von der Stange“

Pferde schlürfen das Trinkwasser.

Langes Gras wird nicht Halm für Halm, sondern büschelweise ausgerupft.

Pferde schätzen Stroh als Einstreu und als Zusatzfutter.

gemacht. Nährstoffe, Vitamine und Mineralstoffe bleiben beim Silieren besser erhalten. Gutes Silageheu riecht angenehm frucht- oder brotartig. Auch andere Futterarten, zum Beispiel Rüben und Rübenblätter, werden häufig siliert, meist in Erdgruben.

Heu (und Stroh) nennt man auch *Rauhfutter*. Dagegen zählen Getreidekörner zum *Kraftfutter*. Früher nahm man vor allem Gerste, heute gibt man meist Hafer. Getreide enthält als wichtigsten Bestandteil das energiespendende Eiweiß sowie Fett. Es muß mehrere Monate gelagert sein, bevor es verfüttert wird. Viele Ponyrassen brauchen und vertragen jedoch Kraftfutter nur bei anstrengender Tätigkeit. Auch kranke und wenig bewegte Pferde dürfen meist keinen oder nur wenig Hafer erhalten. Ein Energieüberschuß führt zu Heftigkeit und unberechenbarem Verhalten. Außerdem entstehen durch Eiweiß, das der Körper nicht abbauen kann, Vergiftungen (Rehe). Deshalb darf man auch nicht unkontrolliert Brot verfüttern! Ergänzend zum Rauh- und Kraftfutter sollten Pferde Minerallecksteine bekommen, besonders wenn das Futter von mineralarmen Böden stammt.

Pferde fressen auch gern Obst und Gemüse, vertragen dieses *Saftfutter* aber wegen der Gärstoffe nur in kleinen Mengen. Äpfel, Birnen, Möhren, Rote Bete, (gegarte) Kartoffeln, Kohl, Zucker- und Futterrüben lösen im Übermaß Durchfall aus und schwemmen auf. Die Pferde sehen dann zwar rund und gut genährt aus, haben aber keine Kondition und geraten deshalb auch bei leichterer Beanspruchung schnell ins Schwitzen. Am besten verträglich sind Möhren. Sie eignen sich auch als Leckerbissen zur Belohnung, besser als Zucker, der Zähne und Schleimhäute angreift und Vitamine abbaut. Besonders zu beachten: Trockene Schnitze von Zucker- oder Futterrüben müssen mindestens einen halben Tag lang in reichlich Wasser eingeweicht werden, bevor ein Pferd sie fressen darf. Sonst quellen sie so im Schlund auf, daß das Pferd daran ersticken kann, weil die Luftröhre zugepreßt wird!

Mit *Aufbau-* oder *Diätfutter* unterstützt man Pferde, die durch eine Krankheit oder größere Anstrengung geschwächt sind. Diese Kost ist nahrhaft und leicht verdaulich. Die wesentlichen Inhaltsstoffe sind Eiweiß und Vitamine. Meist gibt man ein Gemisch („Mash") aus Weizenkleie,

Modern, aber nicht problemlos: Preßfutter (Pellets).

Heu wird nur noch selten lose gespeichert, sondern meist zu rechteckigen Ballen oder großen Rollen gepreßt.

Hafer- oder Ölschrot, Leinsamen und Melasse, das zu einem Brei verrührt wird. Reformhafer verfüttert man trocken.

Preßfutter (Fertigfutter, Industriefutter) kommt in Form von Kügelchen, Stäbchen, Würfeln und ähnlichem auf den Markt. Solche Pellets (vom englischen Wort für Pillen) und die größeren Briketts gibt es auch in unterschiedlichen Zusammensetzungen, vom reinen Grünpellet aus frischem, schnellgetrocknetem Gras (das fast noch alle Nährstoffe enthält) über Heu-Hafer-Gemische bis zu Spezialsorten für besonders beanspruchte Pferde. Pellets und Briketts sind gut zu transportieren und brauchen relativ wenig Lagerplatz. Sie quellen erst im Pferdemagen auf, vorausgesetzt, das Pferd bekommt ausreichend zu trinken. Aber sie können einem Pferd auch im Hals steckenbleiben, besonders wenn es sehr hungrig ist und hastig frißt. Außerdem sind Pferde, die Pellets bekommen, viel schneller als es ihrer Natur entspricht mit der Futteraufnahme fertig. Sie brauchen dann zumindest Stroh als Einstreu, damit sie längere Zeit etwas zum „Knabbern" haben und nicht unter „Futterlangeweile" leiden müssen.

Schlecht bedient ist ein Pferd immer mit verschmutztem, staubigem oder verschimmeltem Futter. Dies ist keine Nahrung, sondern Gift. Wieviel und welches Futter ein Pferd bekommt, hängt sehr von seinem Alter, seinem Gewicht, seiner Beanspruchung, seinem Gesundheitszustand und ähnlichen Faktoren ab. Als groben Durchschnitt rechnet man pro 100 Kilogramm Körpergewicht mit 1,5 bis 2,5 Kilogramm Futtertrockenmasse. Der Schwerpunkt liegt dabei auf dem Gras oder Heu. Die Futterportionen im Stall werden über den ganzen Tag verteilt, auf mindestens drei, besser noch vier bis fünf Mahlzeiten. Unmittelbar nach dem Ende einer Freßzeit dürfen Pferde nicht zu anstrengenden Tätigkeiten herangezogen werden. Es kann sonst zu heftigen Beschwerden kommen. Von einem Menschen mit vollem Magen erwartet man auch keine körperlichen Hochleistungen.

Der Wasserbedarf

Pferde benötigen durchschnittlich 30 bis 50 Liter Trinkwasser pro Tag. Bei Trockenfütterung,

Die Salzwasserpferde von Delft

Etwa 100 Quadratkilometer groß ist die Tropeninsel Delft, die bei Sri Lanka, dem früheren Ceylon, im Indischen Ozean liegt. Im 18. Jahrhundert war sie eine Kolonie der Niederlande. Als die holländischen Soldaten die Insel verlassen mußten, blieben einige ihrer Pferde dort zurück. Die ehemaligen Kavalleriepferde mußten nun ihr Futter und Wasser selber suchen. Für sie begann ein harter Kampf ums Überleben. Trotzdem haben sie sich vermehrt – Nachkommen von ihnen leben heute noch auf der Insel in Freiheit. Sie haben sich auf die Nordwestseite der Insel zurückgezogen, um den Menschen im Osten aus dem Weg zu gehen. In ihrem etwa 20 Quadratkilometer großen Lebensraum gibt es nur hartes Steppengras, Disteln und dürre Sträucher. Die Delfter Wildlinge sind deshalb ziemlich mager und sehen wirklich verwildert aus. Das größte Problem ist das Trinkwasser. Auf Delft regnet es, wenn überhaupt, nur wenige Male im Jahr, während der Monsunzeit. Es gibt nur ganz wenige Süßwasserstellen, und auch die trocknen fast völlig aus, wenn der Regen ausbleibt. Auf der Insel kann es bis zu 50 Grad heiß werden! So haben sich die wilden Pferde von Delft in ihrer Not daran gewöhnt, auch das salzhaltige Meerwasser zu trinken. Das ist fast einmalig, denn normalerweise vertragen Pferde und andere Säugetiere größere Mengen Salzwasser nicht. Nur auf einer kleinen Südseeinsel, wo ebenfalls Hauspferd-Wildlinge leben, hat man salzwassertrinkende Pferde beobachtet.

heißem Wetter, anstrengender Tätigkeit oder einer Erkrankung kann sich der Wasserbedarf auf mehr als das Doppelte erhöhen.
In manchen Ställen wird das Pferd noch mit Eimern getränkt. Bei Rennpferden ist dies sogar noch allgemein üblich, um den Verbrauch zu kontrollieren. Man braucht den Eimer dem Pferd nicht auf den Knien hinzuhalten, sondern stellt ihn so hin, daß es ihn nicht umstoßen kann. Er muß so lange nachgefüllt werden, bis das Pferd von selber zu trinken aufhört.

Boxentränke zur Selbstbedienung. Sie ist an das Hauswassernetz angeschlossen.

In vielen Ställen gibt es Tränkautomaten (Selbsttränken). Das sind Behälter aus Metall oder Kunststoff, die in der Box oder an einem Wassertank angebracht und mit der Wasserzufuhr verbunden sind. Wird eine Klappe gedrückt, dann fließt Wasser in den Behälter. Pferde lernen sehr schnell, diesen Hebel mit dem Maul zu betätigen. Selbsttränken müssen jedoch täglich gereinigt und überprüft werden, ob sie richtig funktionieren, da sie durch Futterreste leicht verstopfen. Wenn der Wasserverbrauch eines Pferdes überwacht werden muß, zum Beispiel bei einer Erkrankung, muß die Selbsttränke abgestellt und das Pferd mit Eimern getränkt werden.
Oft wird empfohlen, erhitzte Pferde längere Zeit nicht trinken zu lassen, um einen „Kälteschock“ für die Organe zu vermeiden. Doch Pferde, die stark schwitzen, brauchen schnellstens Wasser! Ihr Körper hat viel Flüssigkeit verloren, die ersetzt werden muß. Wenn man längere Zeit mit dem Tränken wartet, leidet ein Pferd quälenden Durst, kann einen Hitzschlag bekommen und ohnmächtig umfallen. Um ein zu hastiges Trinken zu vermeiden, legt man etwas Stroh auf den

Wasserbehälter. So kann das Pferd nur in kleinen Schlucken trinken. Unterwegs läßt man Pferde möglichst nicht aus unbekannten Gewässern trinken, weil diese stark verunreinigt sein können. Chemische Verseuchungen können von Pferden nicht immer gewittert werden.

Roßäpfel sind keine Nahrung

Wer frißt, scheidet auch aus. Beim Pferd nennt man das Kotabsetzen auch Misten, das Harnen Stallen. Der Kot gesunder Pferde ist unverwechselbar, er besteht aus Ballen, die im Volksmund Roßäpfel oder Roßbollen genannt werden. Freilebende Pferde lassen nicht einfach irgendwo fallen, was Darm und Blase von sich geben. Im Gegensatz zu anderen Tierarten suchen Pferde bestimmte Plätze auf, wo sie sich lösen. Dieser Platz ist dann für alle da. Er kann im Laufe der Zeit die Fläche eines Zimmers erreichen, die Kotballen türmen sich manchmal stuhlhoch auf. Auf diese Weise werden schädliche Keime und Parasiten nicht über ein großes Gebiet verteilt, und die Weidefläche wird nicht überall verschmutzt. Irgendwann beginnt dann das Leittier mit der Anlage eines neuen Misthaufens.

Die Körperpflege der Pferde

Pferde, die durch einen schnellen Lauf oder eine andere Anstrengung sehr erhitzt werden, sind oft klatschnaß vom Schweiß. (Auch Angst kann starkes Schwitzen auslösen.) Der Schweiß verklebt die Haut und die Fellhaare, beeinträchtigt ihre Schutzfunktion und löst einen Juckreiz aus. Ähnliches bewirken Niederschläge wie Regen und Nebel, aber auch ausgefallene Haare und abgestorbene Hautzellen. Besonders lästig (und gefährlich) sind Parasiten, die sich in die Haut einnisten. Manchmal juckt eine Körperstelle auch ohne ersichtlichen Grund.
Gegen einen begrenzten Juckreiz versuchen sich Pferde zu helfen, indem sie eine erreichbare Stelle beknabbern oder sich mit einem Hinterhuf kratzen. Oder sie scheuern sich langsam und genüßlich an einem Zaunpfosten, Baum oder Brett, manchmal sogar an einem anderen Pferd. Das größte Vergnügen jedoch scheint sich ein Pferd zu machen, indem es sich wälzt. Pferde im Freiland pflegen sich täglich auf diese Weise.
Sie benutzen dazu nur ausgesuchte Wälzplätze, sofern das Gelände groß genug ist. Der beliebteste feste Untergrund im Sommer ist staubige Erde oder Sand. Wenn die Stelle verregnet ist, aber die Sonne bereits wieder scheint, wird auch ein Schlammbad genommen. Auf Gras wälzen sich Pferde fast nur, wenn kein eigener Wälzplatz vorhanden ist, denn es gehört ja zur Nahrung. Im Winter hindert eine feste Schneedecke Pferde keineswegs am Wälzspaß, ganz im Gegenteil. Trockener Pulver- oder Harschschnee fordert zur Körperpflege geradezu heraus. Nur Schneematsch mögen Pferde nicht, er würde das Fell durchnässen und die Körperoberfläche stark auskühlen.

▲ **Eigenpflege, so weit die Zähne reichen.**

▼ **Genau da hinterm Ohr juckt es!**

Ausgiebiges Wälzen ist für ein Pferd Körperpflege und Vergnügen zugleich.

Manchmal braucht man sich gar nicht lange an einer Weide aufzuhalten, bis man beim Wälzen zuschauen kann. Das erste Anzeichen ist: eines der Pferde hört wie beiläufig zu grasen oder zu dösen auf und schlendert auf den Wälzplatz zu. Die Nüstern nahe am Boden, riecht und schnüffelt es dort herum. Den Schweif hält es gerade nach hinten gestreckt. Dann scharrt das Pferd ein wenig und trippelt vielleicht ein-, zweimal in einem kleinen Kreis um die Scharrstelle herum. Und schon läßt es sich auf eine Seite nieder. Mit wohligem Stöhnen schabt es auf der Fläche hin und her, Kopf und Hals zuerst, dann die Schultern, die Flanke, die Hinterbacke. Plötzlich wirft sich das Pferd auf den Rücken, streckt alle vier Beine in die Luft und reibt sich mit fast schlangenartigen Bewegungen. Es rollt sich auf die andere Seite und macht weiter. Dann richtet sich das Pferd auf, schaut wie leicht benommen vor sich hin und steht gleich darauf wieder auf allen Hufen. Prustend schüttelt es sich, Staub, Sand, lose Haare fliegen herum. Zufrieden verläßt es den Ort der Reinigung und beginnt zu grasen. Hinter ihm beginnt sich bereits ein anderes Pferd zu wälzen – denn Wälzen wirkt ungemein ansteckend!

Im Stall wälzen sich Pferde gern auf frisch eingestreutem Stroh, besonders, wenn sie keinen Weidegang hatten. Dabei besteht aber die Gefahr, daß sie sich einklemmen und nicht mehr von selber hochkommen. Man nennt dies Festliegen. Es ist gefährlich, weil ein Pferd in Panik geraten und sich schwer verletzen kann, wenn es sich zu befreien versucht.

Sozialpflege – Fellputzen auf Gegenseitigkeit

Pferde haben, wenn sie nicht allein leben müssen, noch eine weitere Möglichkeit, ihr Fell zu pflegen: Sie suchen sich einen Putzpartner. Haben

▲ **Freundschaftliche Fellpflege auf Gegenseitigkeit nützt jedem!**

▼ **Streicheleinheiten von sanfter Hand**

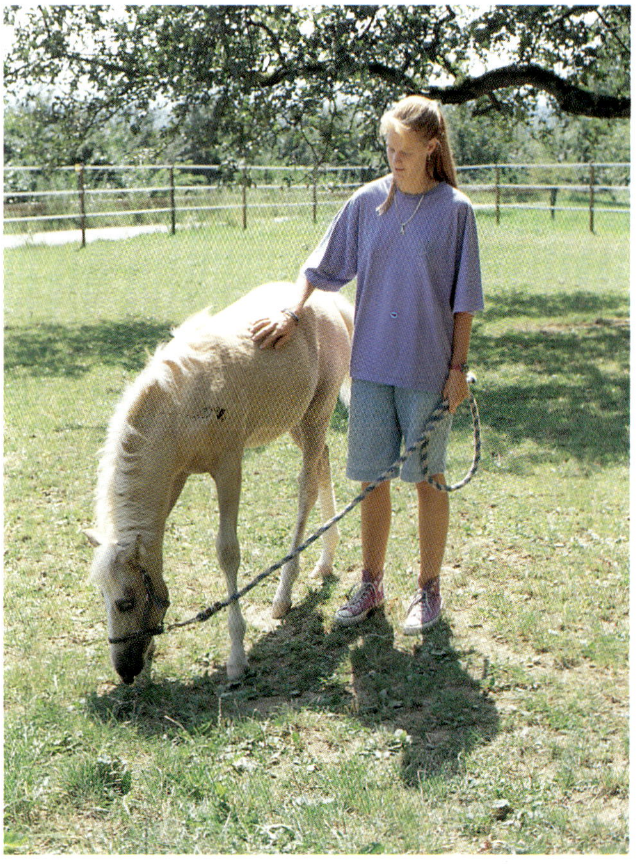

sich zwei Putzwillige gefunden, stellen sie sich schräg gegeneinander auf. Dann „kämmen" sie sich gegenseitig mit den Schneidezähnen vom Hals bis zum Schweif kräftig und gründlich durch. Eine solche Prozedur kann eine halbe Stunde und länger dauern.

Viele Pferde lassen sich auch gern von einem Menschen fellkraulen, besonders solche, die es selten oder nie mit Artgenossen machen können. Bevorzugte Stellen sind die Rückseiten der Ohren und der Hals, besonders der Mähnenansatz. Mit den Fingerkuppen oder -knöcheln fährt man mit leichtem Druck hin und her. Wenn das Pferd dabei genüßlich brummt, macht man es bestimmt richtig. Doch heißt es auch aufgepaßt, wenn ein Pferd das Fellkraulen mit seinen Zähnen „erwidern" möchte. Natürlich darf man es dafür nicht bestrafen! Vor dem Reiten allerdings muß man ein Pferd sorgfältig mit Striegel und Bürste säubern, selbst wenn es sich gerade gewälzt hat.

▲ **Fellpflege mit dem Gummistriegel**

▲ **Für die Nüstern nimmt man einen feuchten Schwamm.**

▲ **Schweifpflege**

▼ **Hufe auskratzen**

Putzen schafft Sauberkeit und Vertrauen

Ein Pferd zu putzen ist anstrengende Arbeit. Doch gerade Neulinge im Umgang mit Pferden werden dabei schneller mit ihnen vertraut. Regelmäßiges Putzen ist für Stallpferde beinahe so wichtig wie ihre tägliche Futterration. Man arbeitet vom Kopf zur Kruppe. Zuerst wird der Schmutz mit einem Gummi- oder Kunststoffstriegel gelöst, dann mit einer weichen Bürste (Kardätsche) entfernt. Am Kopf, am Bauch und an den Gelenken muß mit besonderer Vorsicht gestriegelt werden, damit die Haut nicht aufgeschürft wird. Die Kardätsche wird nach jedem Strich an einem Metallstriegel abgestreift. Die Augen und die Nüstern wischt man vorsichtig mit einem feuchten Schwamm aus, mit einem zweiten Schwamm reinigt man die hinteren Körperöffnungen.

Das Langhaar wird mit der Hand strähnenweise geordnet (verlesen). Danach kann man es mit einem weitzinkigen Kamm oder einer Wurzelbürste vorsichtig durchkämmen. Den Haaransatz hält man mit der anderen Hand gut fest, damit es nicht ziept.

Vor und nach dem Reiten müssen insbesondere die Hufe nachgesehen und gesäubert werden (mit einer Wurzelbürste, einem Schwamm oder Lappen). Oft setzen sich Steine oder andere Fremdkörper im Huf fest. Sie können zu schmerzhaften Druckstellen führen oder sogar in die Hufsohle eindringen. Außerdem muß man bei beschlagenen Pferden überprüfen, ob noch alle Hufeisen vorhanden sind und festsitzen.

Beim Umgang mit Striegel, Bürste und Schwamm wird nicht nur Staub und Schmutz vom Pferd entfernt, sondern auch seine Haut gut durchblutet und der Stoffwechsel angeregt. Dadurch können mancherlei Krankheiten verhindert werden. Gleichzeitig schützt ein sauberes Fell besser vor Parasiten. Allerdings kann es auch passieren, daß ein Pferd sich unmittelbar nach dem Putzen zu wälzen versucht. Dann hat man meistens seine Sache zu gut gemacht und das Fell so glatt gebürstet, daß es dem Pferd nicht behagt. Weidepferde braucht man nur vor dem Reiten zu

Fehlt da etwas beim Putzzeug?

putzen. Aber auch sie sollten regelmäßig auf Verletzungen und Hautschmarotzer nachgesehen werden.

Hufeisen – das Schuhwerk der Pferde

Hufeisen gelten schon lange als Glücksbringer. Aber warum brauchen Pferde überhaupt Hufeisen? Warum läßt man sie nicht einfach „barfuß", also ohne Eisen, laufen, besonders wenn sie einige Zeit nicht geritten werden?
Pferde in der freien Wildbahn kommen ohne Hufschutz aus. Ihr Hufwachstum und der Hufabrieb gleichen sich aus. Das ist meist auch bei Zucht- und Weidepferden der Fall, die kaum oder nur auf weichem Boden geritten werden. Es ist also die reiterliche Last oder das Gewicht eines Gespanns in Verbindung mit harten Straßen, die einen Hufschutz nötig macht.
Das merkten schon die Reitervölker im Altertum. Die Ägypter fertigten für ihre Pferde Hufsandalen aus Binsengeflecht oder aus Leder an, die allerdings nur wenig haltbar waren. Die Römer versuchten es bereits mit Metallplatten, die mit Riemen an den Pferdebeinen befestigt wurden. Das gab aber häufig Scheuerwunden an den empfindlichen Fesselgelenken, und die Pferde konnten sich mit diesen „Tretern" auch nicht schnell genug vorwärts bewegen. Die bisher ältesten Hufeisen mit Metallstiften wurden bei Ausgrabungen in Keltensiedlungen gefunden. Sie stammen aus dem 5. Jahrhundert nach Christus. Der Hufbeschlag hat sich in diesem Prinzip bis heute erhalten. Heute gibt es Dutzende von verschiedenen Hufeisen und Zubehör für die einzelnen Sport- und Gebrauchsarten, für Krankheits- und Korrekturbeschläge. Die Eisen werden meist auch nicht mehr von Hand geschmiedet, sondern in Fabriken hergestellt. Der Hufschmied bekommt sie in rund zwanzig Größen – zwischen dem zierlichen Huf eines Shetlandponys und dem gewaltigen Huf eines strammen Kaltblutes besteht ein erheblicher Unterschied, dazwischen gibt es eine ganze Palette von Hufgrößen. Ohne Hufeisen würde der gesamte Pferdesport, vom Freizeitreiten bis zum Galopprennen, vom Dressurreiten bis zum Fahren, schnell ein Ende finden. Denn ohne Eisen nutzen sich die Hufe von Reit- und Zugpferden schneller ab, als das Horn nachwachsen kann. Die Pferde können dann nicht mehr richtig auftreten und natürlich auch nicht geritten werden. Man müßte also bei unbeschlagenen Pferden jedes Mal abwarten, bis die Hufe lang genug geworden sind, um sie, für kurze Zeit, wieder reiten zu können. Ein vernünftiges Training wäre dadurch unmöglich.
Hufeisen schützen außerdem vor dem Ausbrechen des Horns und vor kleineren Verletzungen und geben dem Pferd besseren Halt auf schlechtem Untergrund.
Beim Beschlagen werden die Eisen heiß gemacht und dann noch auf Maß für das jeweilige Pferd zugerichtet. Durch das kurzfristige „Aufbrennen" auf die (empfindungslose) Unterseite der Hufwand sitzt das Eisen auch besser. Danach kühlt der Schmied die Eisen in Wasser ab und nagelt sie auf. Empfindliche Pferde bekommen einen Kaltbeschlag: Das Eisen wird dabei nicht aufgebrannt, sondern der Huf so gut wie möglich nach dem Eisen gerichtet. Übrigens braucht ein Pferd nicht unbedingt bei jedem Beschlag neue Eisen. Alle sechs bis acht Wochen ist jedoch der Huf so weit nachgewachsen, daß er gekürzt werden muß. Dazu müssen natürlich die Eisen abgenommen werden, die meist ein- bis zweimal wiederverwendet werden können. Läßt man die Hufe zu lang werden, entstehen oft langwierige Huf- und Sehnenschäden.

Huf und Zehe des Pferdes

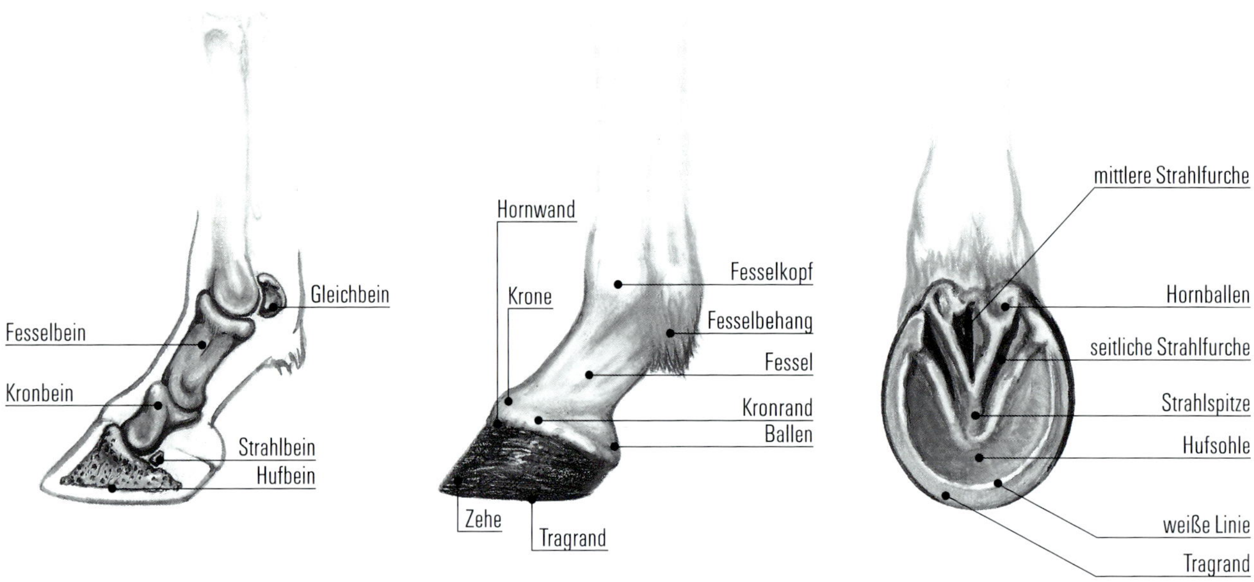

Der Huf und die Zehe sind vereinfacht dargestellt. Muskeln, Sehnen und Blutgefäße sind außer den Knochen, dem Horn und der Haut weitere anatomische Bestandteile.

Nur ein geprüfter Hufschmied darf solche Arbeiten ausführen. Er hat eine umfangreiche Kenntnis über die Beschaffenheit und die Bearbeitung, aber auch über Veränderungen und Krankheiten der Hufe. Er muß auf die Besonderheiten der Hufe jedes Pferdes eingehen und zum Beispiel auch an dessen Gangwerk erkennen, welcher Beschlag richtig ist. Seit einigen Jahren gibt es öffentliche Wettbewerbe für Hufschmiede bis hin zur Weltmeisterschaft. Sie haben jedoch mit dem Alltag wenig gemein.

Das Hufeisen

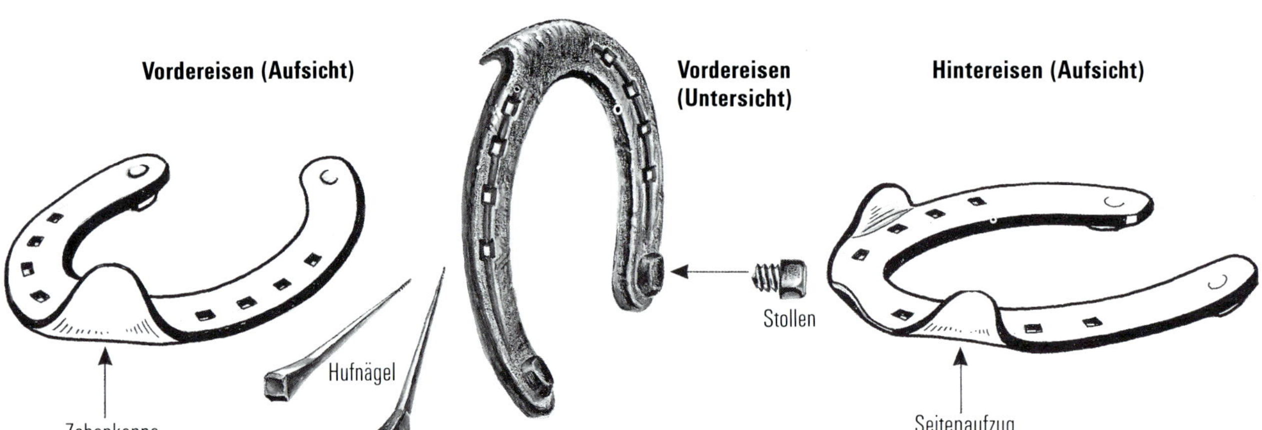

Ein Pferd wird beschlagen

Die Hufe sind gekürzt (ausgeschnitten), jetzt wird ein Eisen probeweise angelegt.

Das Eisen wird erhitzt und kurz an die Unterseite der Hufwand angelegt (aufgebrannt).

Das abgekühlte Eisen wird aufgenagelt. Die Nägelenden kommen an der Hufwand heraus.

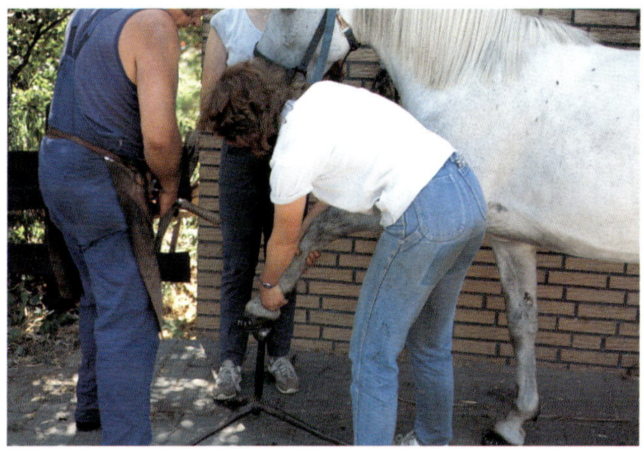

Zum Weiterarbeiten stellt man die Vorderhufe auf ein Eisengestell, den sogenannten Bock.

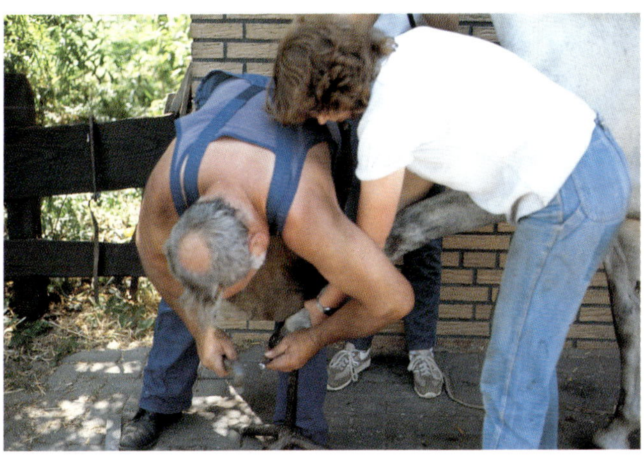

Die Nagelspitzen werden abgezwickt, die stumpfen Enden in kleine Vertiefungen (Nietbett) gearbeitet. So sitzen die Nägel fest, und die Eisen haben den nötigen Halt.

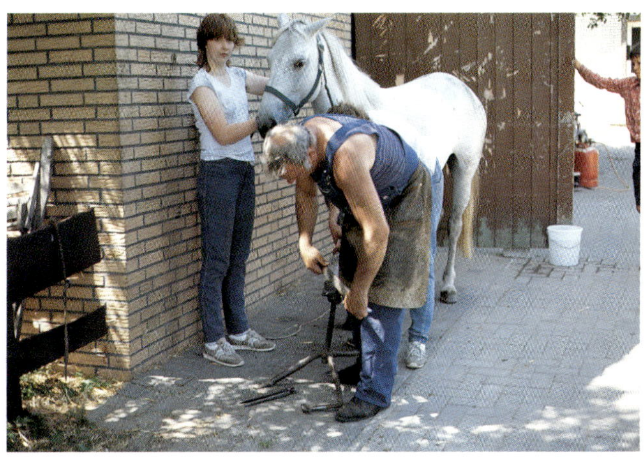

Zum Schluß werden überstehende Hufkanten mit einer Raspel geglättet. Frischbeschlagene Pferde sollen nicht gleich anschließend geritten werden.

Pferde stehen zum Dösen oft paarweise, aber gegeneinander versetzt beisammen.

Erfrischung und Erholung

Pferde erfrischen sich an warmen Tagen gerne nicht nur mit, sondern auch im Wasser. An einem Wasserloch oder mitten im Bach stehend, planschen sie sich oft mit einem Vorderhuf das Wasser gegen den Bauch. Manchmal legen sie sich auch mitten hinein. (Für Reiter kann dieser Drang problematisch werden!) Viele Pferde suhlen sich mit sichtlicher Begeisterung in morastigen Tümpeln oder Wasserläufen. In tiefere Gewässer gehen sie jedoch ohne Not oder Aufforderung eher selten, obwohl ihnen die Fähigkeit zu schwimmen angeboren ist. Vermutlich haben viele Pferde auch heute noch den Instinkt, sich vor Krokodilen und anderen gefährlichen Wassertieren in acht zu nehmen, auch wenn sie nicht mehr in einer entsprechenden Umgebung leben. Gewöhnt man sie aber – in sicheren Gewässern – ans Schwimmen, scheinen sie sich oft bald sehr wohl in dem nassen Element zu fühlen.

Die Schwimmfähigkeit der Pferde benutzt man auch dazu, sie auf ihre Kondition hin in großen Wasserbecken zu trainieren, weil man dabei ihre Sehnen und Gelenke schonen kann. Pferden, die durch ihren Einsatz in Rennen oder in anderen Sportarten erschöpft sind oder sich mit Verschleißerscheinungen plagen, versucht man ebenfalls durch Schwimmtraining wieder „auf die Beine“ zu helfen. Sogar richtige „Kurställe“ gibt es bereits für geschädigte Hochleistungspferde, mit Anwendungen für Herz- oder Beinprobleme.

An heißen Tagen ist es für fast jedes Pferd bereits eine Erholung, wenn es sich auf der Weide unter einen schattigen Baum stellen kann. Sehr wohltuend empfinden viele Pferde es wohl auch, wenn man sie bei großer Hitze in einen luftigen Stall stellt, wo sie besser vor Stechmücken geschützt sind. Und durch einen richtigen „Urlaub“ mit der ganzen Familie am Strand oder in den Bergen kann auch ein Pferd neue Kräfte schöpfen.

Schlafen und Träumen

Pferde halten, auch im Wildleben, keinen Winterschlaf wie viele Tierarten. Aber sie schlafen jede Nacht, und auch am Tag legen sie immer wieder ein Nickerchen ein. Einem müde gewordenen Pferd geht es wie einem schläfrigen Menschen: es gähnt mehr oder weniger herzhaft. Um tagsüber ein wenig auszuruhen, legt ein Pferd sich nicht jedes Mal hin. (Wenn es kurz angebunden oder eingespannt ist, ist es ihm auch gar nicht möglich.) Es kann im Stehen dösen, das ist die leichteste Stufe von Schlaf. Der Kopf ist gesenkt, die Augenlider sind meist nur halb geschlossen, oft hängt die Unterlippe schlaff herunter. Dazu „schildert" das Pferd, das heißt, es hat ein Hinterbein angewinkelt und auf die Hufspitze gestellt. Im Freien dösen Pferde auch nachts, wenn der Boden zu feucht zum Hinlegen ist. Ganz entspannen kann sich ein Pferd beim Dösen allerdings nicht.

Erholsamer ist der Schlummerschlaf. Ein schlummerndes Pferd hat sich auf den Bauch gelegt und die Beine herangezogen. Den Kopf hält es aber hoch oder stützt ihn nur leicht auf. Aber nur im Tiefschlaf entspannen Pferde ganz. Sie liegen dann auf einer Seite und halten die Beine ausgestreckt, manchmal eines auch angewinkelt. Saugfohlen schlafen fast nur in dieser Haltung.

Erwachsene Pferde legen sich zum tiefen Schlaf jedoch nur hin, wenn sie sich sehr sicher fühlen. Alte Pferde legen sich im Stall oft nicht mehr hin, weil ihnen das Aufstehen schwerfällt. Vermutlich haben sie auch instinktiv Angst, daß sie bei Gefahr nicht mehr schnell genug hochkommen, um rechtzeitig zu fliehen. Sie sind dann aber auch nie richtig ausgeschlafen und vielleicht deshalb manchmal etwas unleidlich.

Auch Pferden steht das „Traumland" offen: oft machen sie Laufbewegungen oder wiehern leise. Und wie Menschen benötigen sie durchschnittlich sieben bis acht Stunden Schlaf.

Ausgeschlafen! Zum Tiefschlaf liegen Pferde völlig entspannt auf einer Seite.

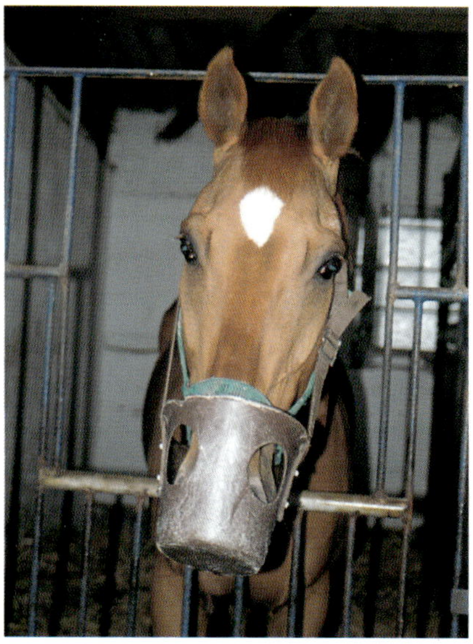

Maulkorb, um jegliche Nahrungsaufnahme, zum Beispiel nach einer Kolik, zu verhindern. Durch Schlitze im Korbboden kann das Pferd jedoch trinken.

Die Körpertemperatur eines Pferdes kann wie beim Menschen auf eine Erkrankung hinweisen. Gemessen wird rektal (im After).

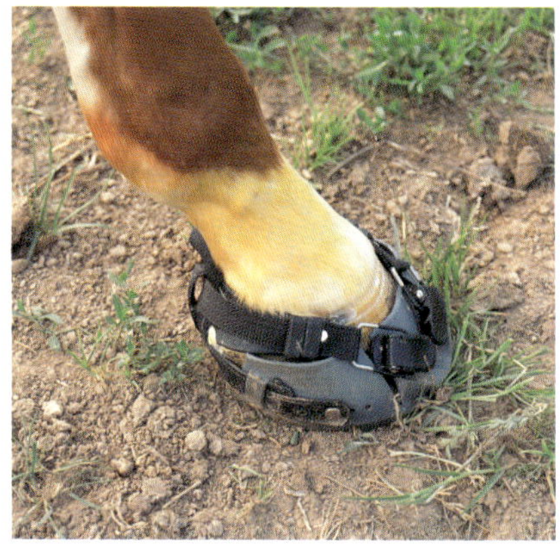

Bei einer Hufkrankheit oder -verletzung dient oft ein Hufschuh als guter Schutz.

Gesundheitskontrollen sind bei manchen Wettbewerben Vorschrift.

Kühlung für den entzündeten Huf

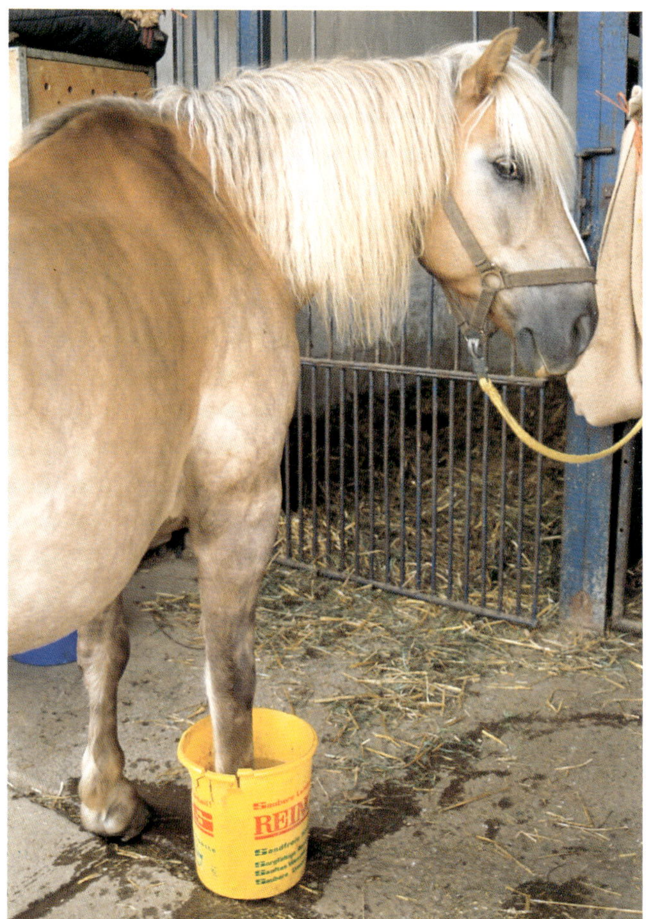

Gesundheit ist nicht selbstverständlich

Auch bei bester Haltung können Pferde erkranken oder sich verletzen. Verweichlichte, vernachlässigte und überforderte Pferde sind aber besonders anfällig. Ebenso werden Krankheiten durch mangelnde Hygiene gefördert.

Bedenklich ist immer *Husten.* Er ist keine Krankheit an sich (auch wenn manche Krankheiten so genannt werden), sondern ein Symptom für eine Entzündung, einen Befall mit Bakterien, Viren, Parasiten, Pilzen oder für eine Allergie gegen bestimmte Reizstoffe. Plötzlicher Husten und Atemnot können auch durch einen Fremdkörper ausgelöst werden, der in den Hals gerät. Das ist für das Pferd lebensgefährlich! Eine typische Husten-Krankheit ist Influenza (Grippe, Pferdehusten). Auslöser sind verschiedene Grippeviren, die teils auch vom und auf den Menschen übertragbar sind! Erkrankte Pferde müssen sofort aus der Arbeit genommen werden!

Dämpfigkeit (Dampf, chronischer Husten, Pferdeasthma) nennt man das unheilbare Stadium einer chronischen Erkrankung der Atemwege und des Herzens. Die Lungenbläschen sind überdehnt beziehungsweise der Herzbeutel ist entzündet, und das Pferd hat ständig Atemnot. Das Ausatmen ist besonders mühsam und dauert länger als das Einatmen. Dabei entsteht jedes Mal unterhalb des Rippenbogens eine längliche Vertiefung, die Dampfrinne.

Sehr anfällig ist der Verdauungsapparat der Pferde. Eine akute Störung, die meist mit krampfartigen Schmerzen verbunden ist, nennt man *Kolik.* Anzeichen sind unruhiges Auf- und Abgehen und Scharren, Wälzversuche, Schwitzen, Umsehen nach dem Bauch, vergebliche Kotversuche. Als Sofortmaßnahme entfernt man alles Freßbare aus der Nähe des erkrankten Pferdes. Es muß auch am Hinlegen gehindert werden. Am besten führt man es, bis der Tierarzt eintrifft.

Als *Lahmheit* gilt jede Bewegungsstörung eines Pferdes. Sie ist die Folge einer Erkrankung oder Verletzung. Das Pferd belastet beim Auftreten die gesunde Seite stärker als das gleichpaarige kranke Bein. Dieses wird nur vorsichtig aufgesetzt. Bei manchen Lahmheiten ist der ungleichmäßige Gang kaum zu merken, weil das vordere oder hintere Bein*paar* betroffen ist. Die Lahmheit kann von einem Huf, einer Schulter, einem Gelenk dazwischen oder von der Wirbelsäule ausgehen. Ein leichtes Hinken wird Schonen oder Klammgehen genannt. Es kann bereits Anzeichen für einen schwerwiegenden Schaden sein!

Hauterkrankungen machen sich durch Juckreiz, Haarausfall und Hautveränderungen bemerkbar. Ziemlich verbreitet sind Sommerekzeme (falsche Bezeichnung: Sommerräude) bei Weidepferden. Sie gehen meist im Herbst zurück. Diese und andere Ekzeme werden durch Allergien, Gifte, Hautpilze oder Parasiten ausgelöst. Die Ekzembildung Mauke tritt in der Fesselbeuge von Pferdebeinen auf. Sie wird durch Hautreizungen, zum Beispiel Schmutz und Sand, Einstreu, Chemikalien oder Nässe verursacht.

Würmer, auch ihre Entwicklungsstadien Ei und Larve, sowie Fliegenlarven sind eine häufige Ursache für unterschiedlichste Gesundheitsschädigungen. Pferde werden vor allem von Spulwürmern, Palisadenwürmern (Blutwürmer) und von den Larven der Magenbremse (Pferdefliege, Pferdedassel) befallen. Völlig wurmfrei ist kaum ein Pferd, aber es kommt auf den Grad der *Verwurmung* an. Je jünger ein Pferd, um so gefährdeter ist es. Schon ungeborene Fohlen können über das Blut der Stute befallen werden. Starker Befall führt fast immer zu unheilbaren Schäden. Ursachen sind mangelnde Sauberkeit, überbesetzte und überbenutzte Weiden und Ausläufe. Entwurmungsmedikamente töten Parasiten im Pferdekörper ab und unterbrechen zumindest für eine Weile den Wanderkreislauf von Eiern, Larven und erwachsenen Tieren.

Grundsätzlich gilt: Bei jeder Auffälligkeit, für die keine einfache Ursache zu finden ist und die nicht innerhalb weniger Stunden von selber verschwindet, informiert man einen Tierarzt. Gegen einige Krankheiten kann man Pferde vorbeugend impfen lassen, zum Beispiel gegen Pferde-Influenza und Wundstarrkrampf (Tetanus). Bei Auslandsreisen und manchen Wettbewerben, vor allem im Rennsport, sind bestimmte Impfungen sogar vorgeschrieben.

Kleines Quiz für Pferdekenner
über Nahrung und Pflege der Pferde
(Auflösung auf Seite 144)

1. Pferde fressen ...
   a) ... bis zu 16 Stunden am Tag
   b) ... eine Stunde am Tag
   c) ... 8 Stunden am Tag

2. Zum Rauhfutter zählt ...
   a) ... Heu und Stroh
   b) ... Getreidekörner
   c) ... Gras

3. Pferde trinken am Tag bis zu ...
   a) ... 250 Liter Wasser
   b) ... 10 Liter Wasser
   c) ... 30 bis 50 Liter Wasser

4. Was ist eine Kardätsche?
   a) ein Metallstriegel
   b) eine weiche Bürste
   c) ein Schwamm

5. Wann geht ein Pferd „barfuß"?
   a) wenn es keine Hufeisen trägt
   b) wenn es neue Eisen bekommen hat
   c) wenn man es von der Weide holt

6. Was versteht man unter einer Kolik?
   a) eine Bewegungsstörung
   b) eine Erkrankung der Atemwege
   c) eine Störung der Verdauungsorgane

Die Unterbringung

Pferde fühlen sich am wohlsten im Freien und in Gesellschaft von Artgenossen oder anderer Tiere. Pferde, die überwiegend in Ställen gehalten werden, brauchen eine saubere, helle und luftige Umgebung.

Grundsätzlich braucht und verträgt jedes Pferd Weidegang und die Gemeinschaft von Artgenossen.

Was ist artgerecht?

Der natürliche Lebensraum für Pferde ist die Wildnis. Ihre Sinne, die Anatomie, das Sozialleben und die Verhaltensweisen sind auf das Überleben unabhängig vom Menschen ausgerichtet. Nur dieser Urzustand – mit allen Vor- und Nachteilen – ist vollkommen „artgemäß“ oder „artgerecht“. Hauspferde kann man niemals völlig artgerecht halten. Doch selbst am Rande von Großstädten kann man ihnen, mit einigem guten Willen und Sachverstand, ein Leben bieten, das ihren Bedürfnissen soweit wie möglich entgegenkommt.

Das ist vor allem die Robusthaltung. Die Pferde bleiben das ganze Jahr über Tag und Nacht im Freien, auch zum Abfohlen. Bei zeitweiser Freilandhaltung verbringen die Pferde zumindest einen Teil der Tages- und Jahreszeiten auf einer Weide. Dort finden sie in der Wachstumszeit auch natürliches Futter.

In jedem Fall braucht man mehrere große Flächen, die abwechselnd als Weide (Koppel) und für den Grasschnitt benutzt werden. Der Wechsel ist notwendig, weil die Grasflächen sonst zu stark von den Pferden strapaziert werden. Sie sind dann „pferdemüde“, und der Graswuchs wird immer spärlicher. Am besten ist es, wenn jede Wiese nur alle zwei Jahre und nur so lange genutzt wird, daß das Gras nicht bis auf Stumpf und Stiel abgeweidet ist. Je nachdem, wie gehaltvoll das Gras ist, benötigt man pro Pferd mindestens einen viertel bis einen halben Hektar Land. Ein kleiner Auslauf vor der Box oder der Vorgarten am Haus taugen also nicht als Weide! Wer kein eigenes Land besitzt, kann Weiden pachten. Auch in Pensionsställen gibt es oft die Möglichkeit, eine einzelne Weide dazuzumieten. Auch wenn man sie nicht ständig nutzen kann, ist sie auf jeden Fall besser als gar keine Koppel! Kranken und genesenden Pferden tut es oft schon gut, wenn man sie „im Grünen“ spazierenführt.

Freilandhaltung macht auch Arbeit

Weiden sind keine Steppen, auf denen man die Pferde einfach sich selber überläßt. Der Landbesitzer oder Pächter muß für eine sichere, stabile Umzäunung sorgen. Pferde dürfen sich daran nicht verletzen, sie aber auch nicht überspringen oder niederdrücken können. Aber Stacheldraht ist höchst gefährlich! Pferde holen sich daran oft schlimme, ja tödliche Rißwunden.

Gut geeignet sind stabile Bohlen und Bretter oder auch dicke Eisenrundstangen zwischen Steinpfosten, wie man sie auf älteren Gestüten noch sieht. In Landschaftsschutzgebieten dürfen oft keine festen Zäune gebaut werden, dann muß man sich mit Elektrodraht, besser noch mit gut sichtbarem, breitem Elektroband behelfen, das auf umfallsicheren Pfosten befestigt wird. Zäune müssen ständig überwacht und beim geringsten Schaden ausgebessert werden.

Ebenso wichtig ist die Wasserversorgung. Leitungen für Fließwasser sind meistens zu teuer. Nicht immer ist ein sauberer Bach oder See vorhanden, aus denen die Pferde direkt trinken können, oder aus dem man das Wasser mit Pumpen fördern kann (und darf). Deshalb muß man meist das kostbare Naß in Kanistern heranschaffen und in Tränken entleeren – oft jeden Tag. Günstig sind Tanks, an denen sich die Pferde durch einen Druckmechanismus „bedienen“ können, weil das Wasser darin nicht so leicht verschmutzt und verdunstet.

Nur auf wenigen Weiden sind natürliche Unterschlupfe vorhanden, etwa Baumgruppen oder Höhlen. Deshalb müssen Unterstände gebaut werden, in die sich die Pferde bei starker Hitze oder heftigem Regen zurückziehen können. Dort gibt man ihnen auch das Zusatz- oder Ersatzfutter, wenn das frische Gras nicht (mehr) ausreicht und sie nicht im Stall gefüttert werden. Das einfachste „Bauwerk“ ist ein offener Unterstand, also lediglich ein Dach, das auf Pfähle aufgesetzt ist und keine Wände hat. Mehr Schutz bietet schon eine einfache Bretterhütte, die zur wettergeschützten Seite hin (meist Süden) offen ist. Am „nobelsten“ sind Offenställe aus massivem Stammholz, mit Wand- und Bodenisolierung, Zwischenwänden und verschließbaren Fenstern und Türen.

Auslauf und Weide mit Offenstall

Von kleineren Koppeln muß man regelmäßig den Pferdekot mit der Schaufel entfernen. Wo ihn die Pferde hinterlassen, entstehen sogenannte Geilstellen. Das lange, rauhe Gras, das dort dann wächst, wird von den Pferden verschmäht. Wenn die Koppel vernachlässigt wird, entstehen immer mehr Kotberge, und die nutzbare Fläche wird kleiner.

Größere Weiden können geschleppt werden, das heißt die Grasnarbe, die von den Pferdehufen festgetreten ist, wird mit einer speziellen Wiesenegge aufgelockert und gelüftet. Dadurch wird das Wachstum der Freßpflanzen gefördert. Die Pferdeäpfel werden zerteilt und trocknen aus. Dabei werden auch die Wurmeier und -larven freigelegt, die dann größtenteils zugrunde gehen. Ob, womit und wann eine Weide gedüngt werden muß, hängt von ihrem Bewuchs und ihrer Beanspruchung ab. Gedüngte Weiden können längere Zeit nicht von den Pferden genutzt werden.

Übrigens: Alle Pferde brauchen und vertragen Weidegang, auch und gerade solche, die viel leisten müssen. Es gibt nur wenige Einschränkungen, zum Beispiel eine Verletzung oder eine bestimmte Erkrankung. Stallpferde müssen im Frühjahr schrittweise an das frische, sehr gehaltvolle Gras gewöhnt werden. Und wenn ein Pferd aus einem Land mit heißem Klima in ein kühleres Gebiet gebracht wird, läßt man es sich anfangs erst im Stall allmählich umgewöhnen.

Von der Wildnis in den Stall

Obwohl Pferde im Freiland am besten aufgehoben sind, werden doch sehr viele von ihnen überwiegend im Stall gehalten. Das ist auch keine „moderne“ Erfindung: Stallungen für das Haustier Pferd gab es schon in der Antike. Die Frage liegt nahe: Warum sperrt man Pferde überhaupt in feste Behausungen? Dafür gibt es eine ganze Reihe von Gründen.

Der Stall macht es dem Pferdehalter bequemer, sein Pferd zu versorgen und zum Beispiel bei einer Krankheit oder Geburt zu überwachen. Er hat kurze Wege und muß sein Pferd nicht erst einfangen, wenn er es reiten oder behandeln will. Gleichzeitig bietet ein Stall auch eine größere Sicherheit vor Diebstahl. Pferdediebstahl war schon im Altertum gang und gäbe, und auch heute noch werden immer wieder Pferde von (ungesicherten) Koppeln gestohlen, oder sie entlaufen.

In dichtbesiedelten Ländern liegt ein weiterer Grund sicher darin, daß es zwar viele Pferde, aber immer weniger Weideland gibt. Beispielsweise gibt es in Deutschland über eine halbe Million Pferde. Davon leben ganzjährig im Freiland nur etwa ein bis zwei Prozent. In der Mongolei dagegen kennen von den über zwei Millionen Pferden höchstens einige tausend eine feste Unterkunft. Die anderen leben in großen Herden auf den weiten Steppen und werden von (berittenen) Hirten bewacht und geleitet.

Ein Pferdestall sollte großzügig und fachlich geplant werden. Eine dunkle, niedrige Bretterbude oder eine zugige Scheune sind keine guten Behausungen für Pferde. Von Übel sind auch enge Ständer, in denen die Pferde angebunden werden. Sie können sich kaum rühren und müssen oft viele Stunden in völliger Eintönigkeit verbringen, lediglich eine Mauer ohne Fenster vor sich. So stumpfen sie ab oder werden verstört und krank.

Stallung aus Außenboxen

Der Auslauf kann jederzeit vergrößert werden.

Transportable Zeltboxen auf einer Messe

Ein pferdefreundlicher Stall ist hell, trocken, sauber und luftig, aber zugfrei. Er darf nicht zu warm sein, damit die Pferde nicht verweichlichen. Temperaturen zwischen etwa 10 und 16 Grad sind gut verträglich. Die Fenster müssen möglichst viel Tageslicht hereinlassen, denn Licht regt den Stoffwechsel an. An Einzelboxen sollten die Zwischenwände im unteren Teil aus glattgehobeltem Holz, im oberen Teil aus Stabgitter bestehen. So können sich die Pferde zumindest wittern, teilweise auch sehen und von Box zu Box beschnuppern. Jede einzelne Box muß so geräumig sein, daß sein Bewohner sich leicht um sich selbst drehen, mindestens ein paar Schritte hin- und hergehen und sich bequem hinlegen kann. In sogenannten Laufställen gibt es keine

In diesem Laufstall können sich die Mutterstuten und ihre Fohlen frei bewegen.

Kleiner Pony-Offenstall

Besonders pferdefreundlich sind Offenställe. Eine solche Unterkunft können die Pferde nach eigenem Belieben aufsuchen und verlassen. Natürlich muß mindestens ein Auslauf angrenzen. Gut sind mehrere Weiden, die abwechselnd genutzt werden können. Offenställe dürfen jedoch, wie andere Stallbauten, nur mit einer Baugenehmigung der zuständigen Behörden errichtet werden.

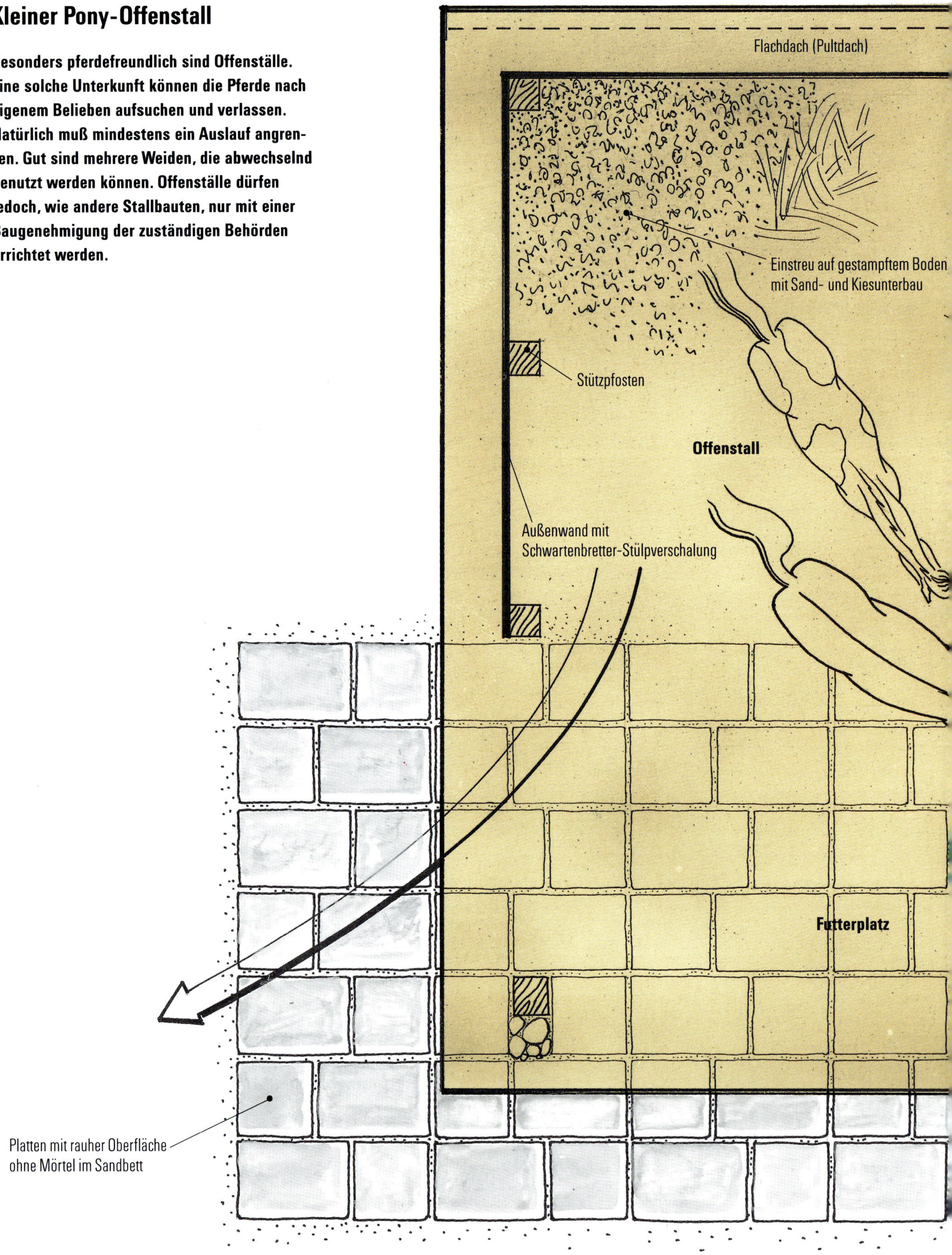

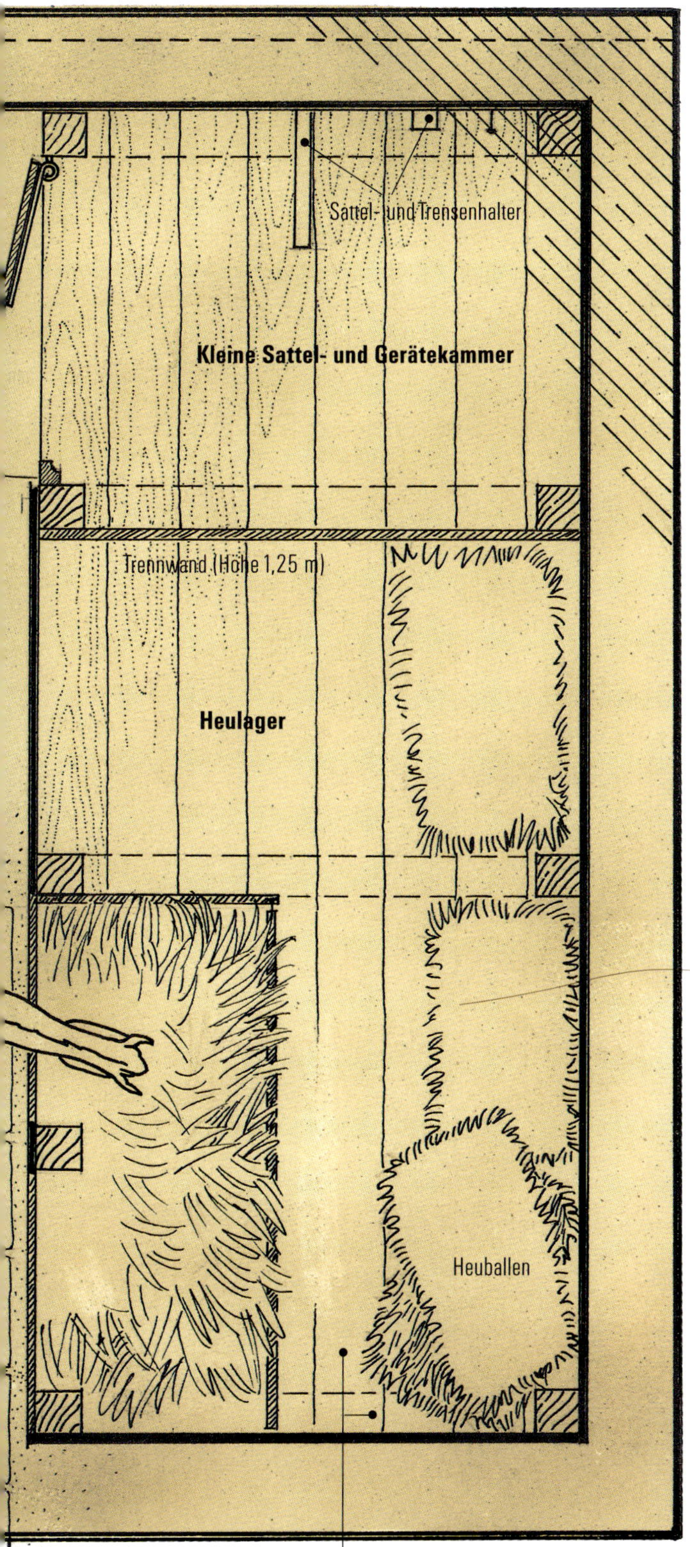

Einzelboxen, und alle Pferde halten sich gemeinsam in einem einzigen, meist saalgroßen Raum auf, in dem sie sich frei bewegen können.

Mit Außenboxen kommt man den Bedürfnissen der Pferde nach Sinnesreizen besonders entgegen. Die oberen Türteile können für sich geöffnet werden, so daß die Pferde wenigstens sehen, was in ihrer näheren Umgebung außerhalb der Box vor sich geht.

Als Stallboden eignet sich ein rauher, rutschfester Boden aus Ziegeln, Zement oder nichtfaulendem Holz. Er muß zusätzlich mit saugfähigem, wärmendem Material, der Einstreu, bedeckt werden, das sich gut entfernen läßt. Einstreu besteht aus Roggenstroh oder Tannenreisig, an dem die Pferde auch noch knabbern können. Man verwendet aber auch Torf, Sägemehl und Papierwolle. Solche Materialien sind aber nur bedingt geeignet. Kunststoffeinstreu wird bei besonders staubempfindlichen Pferden genommen. Sie kann aber nicht wie normaler Mist als Dünger weiterverwendet werden.

Der Kot und nasse Teile müssen täglich mehrmals entfernt und die Einstreu frisch aufgeschüttet werden. Pferde, die tagelang in den eigenen Ausscheidungen stehen müssen, fühlen sich sehr unwohl und werden auch schneller krank.

An jedem Stall sollte wenigstens ein kleiner Auslauf vorhanden sein, in dem sich zwei oder mehrere Pferde gleichzeitig aufhalten können. Er ist allerdings kein voller Ersatz für Weidegang.

Der Boden einer solchen Freiluft-„Veranda" besteht oft aus Naturboden ohne Bewuchs, häufig wird auch Sand oder anderes wasserdurchlässiges Material aufgeschüttet. Kopfholzboden wird schon wegen der höheren Kosten fast nur für kleine Flächen verwendet. Beton und andere volldeckende Beläge sind reinigungsfreundlich, aber als harter Untergrund pferdeunfreundlich.

In einem größeren Sandauslauf (Paddock) können die Pferde ihren Bewegungsdrang besser stillen. Pferde, die aus Gesundheitsgründen kein frisches Gras fressen dürfen, kann man meist zumindest in einen Auslauf bringen und dadurch wenigstens ein bißchen ihren artgemäßen Bedürfnissen gerecht werden.

Kleines Quiz für Pferdekenner über die Unterbringung der Pferde
(Auflösung auf Seite 144)

1. Was ist ein Paddock?
   a) ein großer Sandauslauf
   b) eine Pferdedecke
   c) ein Stall

2. Was versteht man unter einem Offenstall?
   a) ein einfacher Unterstand ohne Wände
   b) ein Stall mit freiem Zugang zum Auslauf oder zur Weide
   c) ein Lagerraum für Futter

3. Die herkömmliche Einstreu für Pferdeställe besteht aus ...
   a) ... Holzspänen
   b) ... Getreidestroh
   c) ... Gummischnipseln

4. Im Stall ...
   a) ... soll man nicht spielen und toben
   b) ... soll man zur Unterhaltung der Pferde laut lachen und Späße machen
   c) ... braucht man Ruhezeiten nicht zu beachten

5. Welches Material ist für eine sichere Weideumzäunung geeignet?
   a) Stacheldraht
   b) Holz
   c) Plastikband

6. Wie muß ein Pferdestall beschaffen sein?
   a) groß, hell, luftig und zugfrei
   b) möglichst klein, damit es warm ist
   c) dunkel, denn Pferde mögen es gemütlich

Das eigene Pferd – Tips zum Kauf und zur Haltung

Fast jeder junge Reiter wünscht sich sehnlichst ein eigenes Pferd.
Beim Kauf eines Pferdes heißt es „Augen auf"!
Wer unüberlegt entscheidet,
bereut den Kauf eines Pferdes vielleicht bald.

Manchmal hilft auch eine solche Idee: tragbares Kaufgesuch auf einer öffentlichen Pferdeschau

Die ersten Überlegungen

Wer sich ein eigenes Pferd anschaffen möchte, braucht außer dem nötigen „Kleingeld" auch Sachverstand, Ausdauer und einen geeigneten Platz, wo er seinen Vierbeiner unterbringen kann. Vor allem aber ist wichtig, daß man sich der Verantwortung bewußt ist, die man für das Tier – ein lebendes Wesen, das von einem Menschen abhängig ist – freiwillig (!) übernimmt.
Zuerst sollte man sich fragen: Was will ich mit meinem Pferd unternehmen? Ein Pferd zum Wanderreiten muß andere Qualitäten haben als ein Springpferd. Natürlich sind viele Pferde zu mehreren Verwendungsarten geeignet. Doch um etwa mit einer kleinen Kutsche durch die Lande zu ziehen, braucht man kein teures Sportpferd.
Wie gut kann ich reiten? Das ist die zweite Frage, die sich jeder stellen sollte. Eine Grundregel besagt, daß zu einem unerfahrenen Reiter ein erfahrenes Pferd gehört. Wer seine eigenen Fähigkeiten überschätzt, bringt sich in Nachteil. Ein Reitanfänger kommt kaum mit einem jungen, eben angerittenen Pferd zurecht. Beide können noch nicht viel und lernen nichts voneinander.
Auch das Temperament des Pferdes und das des Reiters spielen eine Rolle. Sehr lebhafte Pferde sind nichts für ängstliche oder nervöse Leute. Ideal ist natürlich immer ein ausgeglichenes Pferd, das ruhig – aber fleißig – unter dem Sattel oder im Gespann geht, nicht bei jeder Kleinigkeit scheut und den richtig angewandten Hilfen des Reiters oder Fahrers willig gehorcht. Daß ein Pferd völlig gesund sein soll, versteht sich von selbst.

Wo bekommt man ein Pferd?

Pferde werden angeboten auf Pferdemärkten und -messen, in Fachzeitschriften und Tageszeitungen, von Züchtern, Händlern und privaten Haltern. Mit einigem Glück kann man sogar ein

Pferd erwerben, das man schon geritten hat und gut kennt. Auf Auktionen sollte ein Pferd nur ersteigern, wer sich dabei auskennt. Als Berater sollte man einen Fachmann oder eine Fachfrau mitnehmen, der oder die mehr als nur die äußere Schönheit beurteilen kann: Gangwerk und Haltung des Pferdes, Verspanntheiten, „Untugenden" und tatsächliche Eignung.

Wenn nun das Traumpferd vor einem steht, ist es wichtig, daß man den Verstand zusammennimmt! Ein paar eigene Tests sind unumgänglich. Läßt sich das Pferd die Beine gut hochheben? Sonst gibt es beim Hufesäubern, Beschlagen und bei Behandlungen Ärger. Natürlich läßt man es sich vorreiten, um es in der Bewegung beurteilen zu können. Und selbstverständlich reitet man es auch selber zur Probe, um herauszufinden, ob man im Sattel mit ihm zurechtkommt.

Man sollte stets einen schriftlichen Kaufvertrag abschließen, in dem vom Verkäufer angegeben wird, daß das Pferd gesund und ohne Mängel ist und die mündlich zugesicherten Eigenschaften – zum Beispiel eine bestimmte Ausbildung, Umgänglichkeit beim Schmied – hat.

Empfehlenswert ist es auch dann, von einem Tierarzt, den man persönlich kennt, eine sogenannte Ankaufsuntersuchung durchführen zu lassen. Auch sehr teure Pferde können versteckte Gesundheitsschäden haben! Besonders häufig kommen chronische Erkrankungen der Atemwege und der Gelenke vor. Wenn man das erst nach Kaufabschluß feststellt, ist es meist zu spät. Sollte der Verkäufer allerdings einen der gesetzlich festgelegten Gewährsmängel oder auch einen sogenannten Nebenmangel gegen besseres Wissen verschwiegen haben, kann man innerhalb einer bestimmten Frist vom Kaufvertrag zurücktreten.

Zu den Gewährs- oder Hauptmängeln gehören die Krankheitsbilder *Dämpfigkeit* und *Kehlkopfpfeifen*, die stark ansteckenden, gefährlichen Krankheiten *Periodische Augenentzündung* (Mondblindheit), *Dummkoller* und *Rotz* sowie die „Untugend" *Koppen*. (Dummkoller und Rotz treten in Europa jedoch kaum mehr auf.)

Damit man ein Gefühl dafür bekommt, wie unterschiedlich die Angebote in jeder Hinsicht sind, kann man erst einmal eine Zeitlang den entsprechenden Anzeigenteil von Fachzeitschriften gründlich studieren. Schon dabei stellt sich zumindest heraus, welche Pferde *nicht* für einen selbst in Frage kommen. Auf jeden Fall ist es empfehlenswert, sich bei mehreren Anbietern umzusehen, die Unterbringung und das Verhalten der angebotenen Pferde unter die Lupe zu nehmen und, so weit möglich, zu vergleichen. Erkundigungsfahrten unternimmt man am besten ohne einen Pferdetransporter. Man hat dann mehr Zeit zum Nachdenken und „Überschlafen" und kann sich nicht selber so leicht „überlisten". Zwar kann auch ein Spontankauf zum richtigen Pferd führen, aber dazu braucht man meist eine zusätzliche Portion Glück. Häufiger als ein Glücksfall ist die Erkenntnis, daß man mit dem unüberlegt gekauften Pferd oder seinen Mängeln doch nicht zurechtkommt. Auch im Interesse der Pferde sollte man deshalb sorgsam wählen.

Zwei Freunde

Billig ist nicht immer preiswert!

Billige Pferde sind nicht in jedem Fall preiswert! Ein Pferd, das als „Sonderangebot“ erworben wurde, kann krank sein, schwach in den Gelenken oder mit anderen schwerwiegenden Fehlern behaftet sein, an denen es selber leidet und die es zum Reiten unbrauchbar machen. Manche sind so krank oder durch häufigen Besitzerwechsel und falsche Haltung so bösartig geworden, daß sie eingeschläfert werden müssen. Von unseriösen Verkäufern werden sogar Pferde als Reittiere angeboten, die wegen ihrer Leiden bereits das Gnadenbrot bekommen haben.

Gute Pferde, auch Ponys, haben ihren Preis. Das hat durchaus Gründe: Die Kosten für die Zucht und Aufzucht sind hoch. Schon vor der Geburt fallen Rechnungen für tierärztliche Untersuchungen der Mutterstute an, Transportkosten zum Hengst und die Decktaxe. Bis ein Pferd überhaupt angeritten werden kann – im Alter von drei bis fünf Jahren –, entstehen dem Züchter oder Besitzer Ausgaben für Futter, Impfungen, Wurmkuren, eventuell Kastrierung bei Hengstfohlen, für Hufschmiedearbeiten, Pacht für die Fohlenweide. Alles zusammen beläuft sich auf mehrere tausend Mark! Vergleiche für den Kaufpreis kann man sich bei Zuchtverbänden, auf Verkaufsschauen und natürlich unter Pferdebesitzern einholen.

Es gibt dennoch einige Möglichkeiten, ein gutes, gesundes Pferd günstig zu kaufen. Ein Paradebeispiel sind zum Beispiel ältere Ponys, für die ihre bisherigen jugendlichen Reiter zu groß geworden sind. Die Besitzer legen oft großen Wert darauf, daß der heißgeliebte Vierbeiner in wirklich gute neue Hände kommt, und feilschen nicht um jede Mark. Oft kann man das gut erhaltene Sattel- und Zaumzeug ebenso preiswert miterwerben.

Züchter bieten ab und zu junge Pferde zu einem relativ niedrigen Preis an. Diese sind zwar völlig gesund, entsprechen aber vielleicht in ihrer Farbe oder den Gangarten nicht ganz dem Zuchtstandard.

Andere gute Kaufmöglichkeiten ergeben sich mitunter bei Umzug in eine andere Stadt, Erkrankung oder Tod oder auch bei Studienantritt eines Pferdebesitzers.

Treffpunkt Pferdemesse

Verkaufsmessen sind gewerbliche Schauveranstaltungen, die einmal im Jahr oder alle zwei Jahre abgehalten werden, meist am gleichen Ort und im gleichen Zeitraum. Auch für den weiten Bereich der Pferdenutzung gibt es solche Messen. Aussteller aus dem In- und Ausland geben einen umfassenden Überblick über alles, was mit Pferdezucht, Pferdehaltung und Pferdesport zu tun hat. Das geht von der silbernen Anstecknadel in Form eines Pferdekopfes bis hin zum vollklimatisierten Transporter für ein Dutzend Pferde, von der Reitgerte bis zum kompletten Stall, von der Reiterzeitschrift über Kunst rund ums Pferd bis zu Reiterferien. Gestüte stellen ihre Zuchttiere vor, andere Pferde werden zum Kauf angeboten. Außerdem gibt es vielfältige Informationen auf Papier, per Video und durch Vorträge, zum Beispiel zur Reit- und Pferdeausbildung, zum therapeutischen Reiten, zu Berufen, die mit Pferden zu tun haben, zur Pferdemedizin und zu vielen anderen Themen. Bei sogenannten Podiumsdiskussionen können die Besucher Fachleuten Sachfragen stellen. In Nachmittags- und Abendvorstellungen ergänzen Darbietungen von Reitern, Gespannfahrern und Voltigierern das Programm. Außer den umfangreichen Möglichkeiten zum Schauen, Kaufen und Staunen haben Pferdemessen einen weiteren Anreiz: Hier können sich pferdeinteressierte Menschen aus nah und fern treffen, die sonst kaum Gelegenheit zum gemeinsamen Gespräch haben. Acht bis zehn Tage dauern die Messen in der Regel.

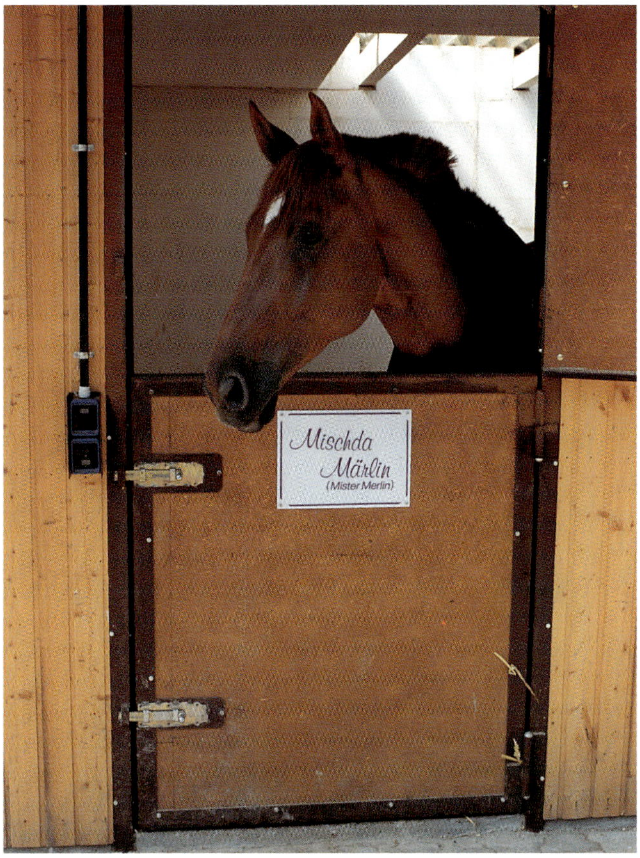

Die Unterbringung ist bereits geklärt!

Pferdemist fällt täglich an!

Besonders vorteilhaft ist es natürlich, wenn man als Kaufinteressent das betreffende Pony bereits längere Zeit kennt, vielleicht weil man „Reitbeteiligung" bei ihm war. Aber auch in jedem dieser wirklich günstigen Fälle empfiehlt sich eine Ankaufsuntersuchung durch den Tierarzt. Ein ehrlicher Verkäufer hat dafür Verständnis; letztlich sichert es ihn selber ab. Ein Pferd, das auf solche Weise „billig" erworben wurde, kann durchaus seinen Preis wert sein – und noch einiges darüber hinaus.

Wo bringe ich mein Pferd unter?

Pferdehaltung in eigener Regie ist der Wunsch vieler Pferdefreunde. Aber ein Stall muß erst einmal gebaut oder gemietet werden. Natürlich sollten Weiden vorhanden sein (und mindestens zwei Pferde gemeinsam gehalten werden). Man braucht Gerätschaften wie Heu- und Mistgabeln, Stallbesen, Schubkarren, Zaunbatterien. Außerdem ist die Eigenhaltung mit täglicher Arbeit verbunden: Füttern, Weide oder Stall säubern und instandhalten, Futtermittel und Einstreu heranschaffen. Zum Reiten bleibt dann manchmal wenig Zeit.

Und wer kümmert sich um die Tiere, wenn man selber krank oder verreist ist? Wenn mehrere Pferdebesitzer gemeinsam Weidegelände und ein Stallgebäude pachten oder sich bei einem anderen Pferdebesitzer einmieten, können sie sich gegenseitig vertreten. Sonst versorgt in einer solchen Haltergemeinschaft jeder sein Pferd selbst; allgemeine Arbeiten und Kosten wie Heutransport und Reparaturen werden aufgeteilt.

Entschließt man sich zu einer Unterbringung in einem Pensionsstall, sollte man diesen vorher genau ansehen. Sind die Boxen sauber und geräumig? Sehen die Einstellpferde gutgenährt und gepflegt aus? Auf Höfen mit Robusthaltung wie in Vereins- oder Privatställen kann man

manchmal nach Absprache einen Teil der Weide-, Stall- und Pferdepflege selbst übernehmen. In einigen ist dies überhaupt nicht möglich, in anderen überläßt man die Versorgung der Pferde ganz ihren Besitzern. Am teuersten ist „Vollpension“ mit Reitunterricht in unbegrenzter Stundenzahl. Bei Nachfragen erkundigt man sich deshalb, was genau im Pensionspreis inbegriffen ist, und was man selber machen kann oder muß. Erst dann kann man verschiedene Preise miteinander vergleichen.
Auf jeden Fall sollte man für sein Pferd eine Tierhalter-Haftpflichtversicherung abschließen. Sie deckt Schäden ab (bis zu einer gewissen Höhe), die durch das Pferd verursacht werden. In jedem Fall kostet die Pferdehaltung mehrere hundert Mark im Monat. Auch darüber muß man sich im klaren sein, bevor man ein Pferd kauft. Es ist traurig, wenn man sein Pferd nicht behalten kann, weil man seine Finanzen überschätzt hat.

Ein Pferd sollte sich problemlos in einen Hänger führen lassen – eine gute Prüfungsaufgabe auch für Reiterspiele.

Der Transport

Erst wenn die Unterbringung geklärt ist, holt man sein Pferd zu sich (sofern es nicht im gleichen Stall bleibt). Wenn man es nicht geradewegs zu seiner neuen Behausung führen, reiten oder einspannen kann, braucht man ein Fahrzeug, in dem man es transportiert. Man sollte nur spezielle Pferdetransporter benutzen, die sich in gutem Zustand befinden! Und gelegentlich „platzt“ ein Kauf vor der heruntergelassenen Hängerklappe – dann nämlich, wenn sich herausstellt, daß sich das neuerworbene Pferd durch kein noch so schlaues Mittel auf das Gefährt führen läßt.

Abwechslung ist wichtig!

Wenn man seinem Pferd nur gelegentlich Weidegang geben kann, ist es besonders wichtig, daß man ihm regelmäßige Beschäftigung verschafft. Unterbeschäftigte Stallpferde leiden an Langeweile. Es ist sehr tierunfreundlich, ein Pferd alle paar Tage einmal für kurze Zeit zu reiten und ihm dabei vielleicht auch noch übermäßig viel Leistung auf einmal abzuverlangen. Es genügt auch nicht, es täglich nur eine Stunde unter dem Sattel zu beschäftigen und die übrigen 23 Stunden einzusperren! Mit etwas Interesse findet man viele Möglichkeiten, mit seinem Pferd umzugehen.

Der gute Ton

Pferde sind von Natur aus nicht „menschenfreundlich“, sondern haben Scheu vor Menschen, weil sie seit Urzeiten von ihnen verfolgt werden. Körperlich sind sie uns aber um ein Vielfaches überlegen. Wenn der Mensch sie sich zu Diensten machen will, muß er seine Überlegenheit einsetzen, ergänzt durch ein Gespür für die Tiere.
Pferde sind keine zarten, zerbrechlichen Geschöpfe, die man verhätscheln müßte. Ebensowenig aber sind sie leblose „Geräte“. Wer Pferde nur als Streichelwesen, als Prestige- oder Handelsobjekt, Sportgerät und Arbeitsmaschine

Liebe ohne Worte

betrachtet, geht allzuleicht über ihre Empfindungen und Bedürfnisse hinweg. Oft hapert es sowohl an der tiergerechten Unterbringung und Versorgung wie auch am richtigen Umgang mit ihnen. Dadurch müssen viele Pferde unnötig leiden. Niemand läßt sich gern anschreien, treten, schlagen oder auf andere Weise mißhandeln, auch Pferde nicht.

Man braucht Pferde nicht zu plagen und sie in Angst zu versetzen, um sie folgsam zu machen. Mit Verständnis erringt und behält man ihr Vertrauen, und das ist viel mehr wert. „Verweise" sind nur angebracht, wenn das Pferd sie auch verstehen, das heißt mit seinem (Fehl-)Verhalten in Bezug setzen kann. Sie müssen prompt erfolgen. Meist reicht ein energisches Wort. Nur gelegentlich ist ein strengeres (aber dennoch maßvolles) „Durchgreifen" erforderlich, um sich den nötigen Respekt zu verschaffen.

Wie in der Herde, versuchen Pferde auch dem Menschen gegenüber eine Rangordnung zu finden. Manche zwicken, steigen, drängeln oder keilen aus mit dem Ziel, sich durchzusetzen. Läßt man ein solches Verhalten durchgehen, dann betrachten sie sich als die Ranghöheren. Verzogene Pferde können, auch unter dem Sattel, völlig außer Kontrolle geraten. Im Umgang mit Pferden gilt es also, ein ausgewogenes Maß an Freundlichkeit und Festigkeit zu finden, abgestimmt auf die jeweilige Persönlichkeit eines Pferdes.

Die Erziehung eines Pferdes zu einem umgänglichen Begleiter und Diener des Menschen beginnt schon beim Fohlen. Von klein auf macht man es damit vertraut, von Menschen berührt, behandelt und geführt zu werden. Fohlen aus dem Freileben brauchen allerdings eine gewisse Zeit, bis sie sich an die Nähe von Menschen gewöhnt haben. Das einmal gewonnene Vertrauen kann zum Beispiel durch Überforderung bei der Ausbildung oder durch mehrfachen und rasch aufeinanderfolgenden Besitzerwechsel wieder verlorengehen.

Worterklärungen von A - Z

Amazone: So nennt man Reiterinnen, vor allem im Leistungssport. An Amazonenwettbewerben, zum Beispiel beim Springen, dürfen nur Frauen teilnehmen.

Bauernrennen: Rennwettbewerbe für „jedermann" auf Profirennbahnen. Sie finden nach der Rennsaison statt. Ausschreibungen gibt es für Ponys, Warmblüter und Kaltblutpferde.

Brandzeichen: Kennzeichnung eines Pferdes mit einem heißen oder tiefgekühlten Stempel. Der „Brand" wird meist am Hals oder an der linken Hinterbacke eines Pferdes angebracht. Er kann aus Zahlen, Buchstaben, einem Symbol oder aus einer Kombination daraus bestehen. Es gibt Brände für Gestüte, für Rassen und für Zuchtlinien.

Chaps (englisch, sprich Tschäps): Überziehhosen ohne Oberteil, meist aus Leder. Berittene Hirten tragen sie zum Schutz gegen Schmutz, Nässe oder Dornen. Auch manche Geländereiter bei uns benutzen sie inzwischen.

Cob: Britische Bezeichnung für kräftige, gedrungene Pferde mittlerer Größe.

Druckstellen: Schwellungen und offene Wunden, die durch einen verschmutzten oder schlecht sitzenden Sattel entstehen. „Druck" und Scheuerstellen können auch durch andere Ausrüstungsteile entstehen, die beschädigt sind oder falsch angelegt werden.

Equipe (französisch, sprich Ekip): Eine Reitermannschaft (auch mit Frauen als Mitglieder), die bei internationalen Wettbewerben als Vertreter eines Landes startet.

Exterieur (französisch, sprich Exteriör): Die Gestalt eines Pferdes. Bei Zuchtpferden werden Einzelheiten des Exterieurs, zum Beispiel Kopf, Hals, Rücken, Kruppe und Beine, nach ihrer jeweiligen Form beurteilt, aber auch ob sie insgesamt ein harmonisches Erscheinungsbild abgeben.

Fahrsattel: Der Sattel für ein Pferd, das eingespannt ist. Bei Gefährten, die keinen Sitz für den Gespannführer haben, lenkt dieser das Gespann von einem der Pferde aus. Davon rührt auch die Bezeichnung Sattelpferd für diejenigen Zugpferde, die an der linken Seite der Deichsel gehen.

FEI: Die französische Abkürzung für Internationale Reiterliche Vereinigung. Sie hat ihren Sitz in Bern. Sie erstellt Regeln für internationale Turniere der klassischen Reiterei.

FENA: Die nationale Reiterliche Vereinigung von Österreich. Sie ist dort der Dachverband für die Pferdezucht und den klassischen Pferdesport.

FN: Die nationale Reiterliche Vereinigung der Bundesrepublik Deutschland. Ihre Aufgaben gleichen denen der FENA.

Futterneid: Kommt vor allem bei Stallpferden vor. Er kann Ausdruck von Langeweile sein oder einer ungeklärten Rangordnung. Sobald jemand mit Futter kommt, schnappt ein futterneidisches Pferd nach seinen Artgenossen und manchmal auch nach dem Fütterer. Besonders aggressiv werden solche Pferde, wenn man anderen etwas vor ihnen gibt. Sie schlagen aus und versuchen zu beißen. Oft versucht ein futterneidisches Pferd an die Hafermahlzeit seines Nachbarn zu kommen, auch wenn es seinen eigenen Anteil noch nicht gefressen hat.

Ganasche (die): Der seitliche Übergang vom Unterkiefer zum Hals des Pferdes.

Gerte: Eine kurze Peitsche. Sie ist ein Hilfsmittel beim Reiten, um das Pferd aufzumuntern oder aufmerksam zu machen. Meist genügt dazu ein einmaliger nicht zu fester Schlag gegen die Kruppe oder die Schulter des Pferdes. Rennreiter berühren ihre Pferde nicht damit, sondern wirbeln die Peitsche nah am Kopf oder Körper des Pferdes entlang. Die Gerte darf kein Ersatz für reiterliches Können und kein Mittel für „Strafaktionen“ sein!

Gewährsmängel (Hauptmängel): Bestimmte, in einem Gesetz festgelegte Krankheiten oder Leiden. Wenn jemand ein Pferd mit einem solchen Mangel verkauft, muß er den Käufer ausdrücklich darauf aufmerksam machen.

Geschirr: Die Ausrüstung für Pferde zum Gespannfahren. Es gibt zwei Hauptarten. Beim Kumt- oder Kummetgeschirr trägt das Pferd einen breiten, innen gepolsterten Halskranz aus Holz oder Leder. Es ist für schwerere Gefährte, Arbeiten und Strecken vorgesehen, zum Beispiel zum Fahren von Kutschen und zum Pflügen. Beim Sielen- oder Brustblattgeschirr verläuft je ein breiter Riemen um die Brust und den Vorderleib des Pferdes. Man spannt damit vor allem leichtere Pferde und Gefährte für Fahrten auf ebenen Wegen an.

Handpferd: Ein Pferd, das von einem Reiter von einem anderen Pferd aus geführt wird. Als Handpferd bezeichnet man aber auch ein rechts von der Deichsel gehendes Pferd.

Hanken: Die Hüfte und das Bein des Pferdes bis zum Sprunggelenk.

Hippologie: Die Wissenschaft vom Pferd (griech. hippos = Pferd, griech. logos = Lehre, Wissenschaft).

Hosen: Die Muskulatur der Hinterhand des Pferdes. Bei jungen und schlecht gerittenen Pferden ist sie schwach ausgeprägt, richtig trainierte Pferde sind „gut behost“.

Interieur (französisch, sprich Interjör): Das „Innere“, das Wesen eines Pferdes und sein Verhalten besonders beim Reiten oder Fahren.

Jockey: Der offizielle Titel für einen Berufsrennreiter, der schon viele Rennen gewonnen hat. Oft wird dieser Begriff jedoch allgemein für Rennreiter angewandt.

Kanter: Ein gleichmäßiger, ruhiger Galopp im Gelände.

Kleben: Manche Pferde laufen auch unter einem Reiter am liebsten ganz dicht hinter oder neben anderen Pferden und lassen sich nur mit Mühe von ihnen wegreiten – sie „kleben“. Bei Klebern ist nicht nur der Herdeninstinkt besonders stark, diese Pferde sind oft auch nicht sehr selbstsicher.

Knieschluß: Die Lage der Knie am Sattel. Sind die Knie „offen“, also zu weit vom Sattel entfernt, sitzt der Reiter falsch. Im leichten Sitz wird der Knieschluß verstärkt, das heißt, der Reiter drückt die Knie kräftiger gegen den Sattel, um seinen Halt zu stärken.

Koppen: Luftschlucken beim Pferd. Ein koppendes Pferd streckt dabei entweder seinen Kopf in die Luft oder preßt die Schneidezähne auf einen festen Gegenstand, zum Beispiel auf den Futtertrog oder auf eine Abschrankung. Koppen hat fast immer Störungen der Verdauungswege zur Folge und vermindert deshalb die Leistungsfähigkeit eines Pferdes. Es entsteht häufig durch Unterbeschäftigung und wird von den Pferden auch nur selten wieder aufgegeben. Es zählt zu den Gewährsmängeln.

Lederzeug: Die Teile der Ausrüstung des Pferdes, die vorwiegend aus Leder bestehen. Das sind Sattel und Zaum (ohne Gebiß), Fahrgeschirre, Longier- und Voltigiergurte usw. Das Lederzeug muß regelmäßig gelüftet, gereinigt und gefettet und auf Schäden überprüft werden. Schadhaftes Lederzeug reißt leicht und kann dadurch zu schweren Unfällen führen.

Lediges Pferd: Ein Pferd, von dem der Reiter unfreiwillig abgesessen ist.

Matratze: Eine dicke, wärmende Schicht aus Naturmaterialien auf dem Stallboden. Man nimmt dazu als Grundlage zum Beispiel Torf. Auf ihr bringt man die Einstreu, meist Stroh, auf. Sie bleibt liegen, man entfernt täglich nur den Kot und die durchnäßten Teile. Matratzen werden nur wenige Male im Jahr ganz herausgenommen.

Mondblindheit (Periodische Augenentzündung): Eine gefährliche Augenerkrankung, die fast immer zur Erblindung führt. Ihre Anzeichen, vor allem starke Lichtempfindlichkeit und Augenschleim, treten anfangs nur in mehrwöchigen Abständen auf. Mondblindheit ist ein Gewährsmangel.

Mustern: Das Vorführen (Vormustern) eines ungesattelten, aber gezäumten Pferdes an der Hand, zum Beispiel bei Zuchtschauen.

Nachgurten: Den Sattelgurt nachziehen. Wenn man kurze Zeit geritten ist, hat sich meist der Sattel etwas auf dem Pferderücken gesetzt, und die Gurte werden locker. Wenn man nicht nachgurtet, kann der Sattel rutschen.

Nenngeld: Die Teilnahmegebühr für sportliche Wettbewerbe.

Nervenschnitt: Die Durchtrennung von Nerven zwischen Huf und Fessel eines Pferdes. Der Nervenschnitt wird vor allem bei chronischen Entzündungen und Knochenveränderungen vorgenommen. Das Pferd wird dann für etwa ein bis zwei Jahre schmerzfrei. Die Krankheit schreitet jedoch fort.

Passer: Pferde, die sich sehr ähnlich sehen und deshalb ein besonders schönes Bild im Gespann abgeben. „Unpassende" andere Pferde sollten dann nicht mit angespannt werden.

Pedigree: Die Ahnentafel eines Pferdes. Sie wird bis einschließlich der vierten Generation in den Abstammungsnachweis von Rassepferden eingetragen.

Pferdewirt: Eine gesetzlich geschützte Berufsbezeichnung, die man nur nach einer erfolgreich abgeschlossenen Lehre tragen darf. Es gibt die Bereiche Reiten, Zucht und Haltung, Rennreiten und Trabrennfahren. Man kann auch Meisterprüfungen ablegen.

Rohes Pferd: Ein junges, nicht angerittenes Pferd.

Sattelzwang: Die Angst eines Pferdes vor dem Gesatteltwerden und seine Abwehr dagegen. Es versucht wegzulaufen, steigt oder wirft sich zu Boden. Sattelzwang entsteht fast immer durch groben Umgang bei den ersten Sattelversuchen.

Sporen: Metallrädchen und -haken an U-förmigen Metallstücken, die an die Reitstiefel geschnallt werden. Sie werden als Hilfsmittel beim Reiten verwendet, um das Pferd zum Beispiel gehorsam zu machen. Drückt oder reibt der Reiter die Sporen an den Körper des Pferdes, spürt das Pferd einen Schmerz. Grob spornierte Pferde tragen sogar offene Wunden davon.

Überbaut: Wenn die Kruppe eines Pferdes höher ist als sein Widerrist, nennt man es „überbaut".

Weben: Webende Pferde „schaukeln" oder treten unablässig von einer Seite zur anderen, oft stundenlang. Diese gleichförmigen Bewegungen sind zwanghaft und entstehen durch Bewegungsmangel, fehlende Abwechslung im Tagesablauf oder eintönige Umgebung. Unter Weidepferden sind Weber eine Seltenheit.

Woilach: Eine große Wolldecke, die mehrfach gefaltet unter den Sattel gelegt wird. Bei Pausen kann man die Pferde damit abdecken.

Zelter: So nannte man im Mittelalter leichte Pferde, die die Spezialgangarten Paß und Tölt unter dem Reiter beherrschten. Sie wurden besonders von Frauen für längere Ritte geschätzt.

Register

Bildquellennachweis

Archiv Rodenstein: 9 m, 49 o, 50 om, 76 um
J. Baumgärtner: 81m, 106
W. Beuerle: 11 u, 21 um, 23, 49 u, 50 ol, 50 or, 51, 54 or, 58 u, 75 u, 82 m, 107 ur, 112
B. Bürkle: 72 ul
dpa: 39 (Camera Press), 50 um (Klawonn)
J. S. Geiger: 11 um, 18, 24, 55 ul, 57 or, 58 o, 72 ur, 77 om, 79 u, 82 o, 89 m, 89 u, 97, 98 ul, 102 o, 102 u, 103, 107 ul, 108 l, 109 l, 110, 111, 120 o, 120 ur, 125, 139
W. Goller: 8o, 9 or, 9 u, 11 o, 21 ol, 54 ol, 73, 75 m, 76 om, 77 u, 90, 91, 127 ol
E. Marzinek-Späth: 15, 21 ur, 32, 33, 35, 40, 41 o, 41 or, 66, 81 o, 81 u, 82 u, 87, 92, 93, 98 ur, 99, 108 r, 113 u, 114, 115, 117, 126, 132, 133, 135
M. Mögle: 8 u, 10, 11 om, 20, 21 ul, 21 or, 30, 46, 47, 48, 55 ur, 57 ol, 68, 75 o, 76 o, 77 o, 79 m, 89 ol, 101, 113 o, 120 ul, 124, 127 u, 136
A. Nill: 63, 69 o, 69 m
OKAPIA: alle Fotos der Buchrückseite
M. Pfleiderer: 31 or
E. Pott: 67
A. Prontnicki: 138
Reinhard Tierfoto: 77 um, 78 o
W. Rhebaum: 83 u
J. Ruser: 12 o, 102 m
E. Schöpal: 3, 5, 13, 49 m, 140, 142, 144
Schurr: 12 u, 31 l, 31 ur, 34, 50 u, 74, 76 u, 78 m, 78 u, 79 o, 83 o, 83 m, 89 or, 96, 127 or, 137
G. Schreiber: 41 u, 44, 45, 59, 69 u, 109 r, 118, 119

(o = oben, m = Mitte, u = unten, r = rechts, l = links)

Auflösungen zu den Quiz-Fragen

Seite 16: 1 a, 2 b, 3 c, 4 c, 5 a, 6 c
Seite 28: 1 b, 2 b, 3 a, 4 b, 5 a, 6 a
Seite 42: 1 c, 2 b, 3 a, 4 c, 5 a, 6 b
Seite 52: 1 b, 2 b, 3 c, 4 b, 5 b, 6 b
Seite 60: 1 a, 2 c, 3 b, 4 a, 5 b, 6 a
Seite 70: 1 c, 2 b, 3 a, 4 a, 5 c, 6 a
Seite 84: 1 a, 2 b, 3 b, 4 c, 5 c, 6 a
Seite 94: 1 c, 2 a, 3 a, 4 b, 5 c, 6 c
Seite 104: 1 a, 2 b, 3 b, 4 c, 5 b, 6 c
Seite 122: 1 a, 2 a, 3 c, 4 b, 5 a, 6 c
Seite 130: 1 a, 2 b, 3 b, 4 a, 5 b, 6 a